A

SON ALTESSE ROYALE

MONSEIGNEUR

LE DUC

DE CHARTRES.

ONSEIGNEUR,

La plus importante & la
plus necessaire de toutes les
applications des Hommes, après

traite & qu'il ait pour maxime ferme & ine-
branlable d'employer tout le credit que lui
donne la puissance de son Maitre & sa propre
industrie à faire tout le bien qui est en son
pouvoir.

S'il observe exactement cette conduite, il
se rendra utile aux interêts de son Prince &
agreable aux Princes & aux Etats auprès,
desquels il sera employé, il s'acquerera leur
estime, & il laissera de lui une opinion & une
reputation par tous les lieux où il aura nego-
cié, ce qu'il doit regarder comme la récom-
pense la plus agreable & la plus flateuse qu'il
puisse recevoir de son habileté.

Il peut encore raisonnablement esperer
que la capacité dont il aura donné des preu-
ves dans les grandes affaiqu'il aura traitées,
lui procurera à son retour des honneurs &
des avantages proportionnez à l'importance
de ses services, & que le Prince ou l'Etat
qu'il aura bien servi profitera de ses talens &
de la sagesse de ses conseils dans la conduite
des principales affaires ; mais quand il seroit
privé de ces sortes de récompenses, il a de-
quoi s'en consoler par la satisfaction d'avoir
rempli utilement & en homme de bien les
devoirs dans les emplois qui lui ont été confiez pour le service de son Prince
& de sa Patrie.

F I N.

DE LA
SCIÈNCE
DU
MONDE,
ET
DES CONNOISSANCES
UTILES A LA CONDUITE
DE LA VIE.

Par M. DE CALLIERES, *Secretaire du Cabinet de Sa Majesté, & l'un des Quarante de l'Académie.*

A PARIS,

Chez ETIENNE GANEAU, ruë Saint Jacques, vis-à-vis la Fontaine Saint Severin, aux Armes de Dombes.

M. DCCXVII.

Avec Approbation & Privilege du Roi.

(2)

celle de leur Salut, est de s'instruire des devoirs de leur Etat,
& de ceux qui regardent la focieté dans laquelle ils font nez,
ou qu'ils se proposent de choisir;
il faut qu'ils travaillent à acquerir l'estime & l'amitié de
ceux qui la composent, & qu'ils
y apportent pour cela un esprit
insinuant, accord, bienfaisant,
biendisant, officieux & honnête,
qu'ils remplissent l'obligation
qu'ils ont de la maintenir pour
y pouvoir vivre en paix &
avec agrément sous l'authorité
des Loix qui y sont établies, &
sur tout qu'ils évitent d'y donner des marques d'un esprit malin, médisant & mocqueur, qui
rend odieux tous ceux qui l'af-

EPISTRE

fectent. Les Princes destinés à
les conduire & à leur commander, ont un grand interêt de
leur donner de bons éxemples,
& de les porter à leur rendre
l'obéïssance qui leur est dûë par
un procedé toûjours équitable,
par de bons traitemens, & en
répandant avec choix leurs bienfaits & leurs graces sur ceux
qui s'en rendent dignes; ils doivent encore les exciter à polir
leurs mœurs et leur façon de
vivre, & à se corriger de la
grossiercté & de la rudesse qu'ils
peuvent avoir contractée par
une trop grande communication
avec des hommes mal civilisés,
ou par une mauvaise éducation,
& par la dureté de leur humeur.

EPISTRE

Ce sont là Monseigneur, les principaux sujets des Conversations que j'ay l'honneur de presenter à Vôtre Altesse Royale, & qui ont pour Titre De la Science du Monde, & des Connoissances utiles à la conduite de la Vie.

Vous avez, Monseigneur, de grands avantages sur tous ceux de vôtre condition, vous êtes né avec de nobles inclinations, qui vous portent naturellement au bien & à la vertu ; elles sont fortifiées & augmentées par une belle éducation, & par l'étude de toutes les connoissances qui peuvent vous élever au-dessus des plus grands Princes ; Vous avez un autre avantage

EPISTRE

singulier d'être né d'un Pere qui
fait les délices de tous ceux qui
sont soûmis à ses ordres, dont
la réputation & les éloges s'é-
tendent jusques dans les Païs
les plus éloignés, dont toutes les
passions se réünissent à un seul
objet, qui est d'être l'autheur du
bonheur public, qui n'épargne
ni application, ni soins, ni travaux pour le procurer, qui s'y
livre tout entier, avec une attention sans relâche & jusqu'ici
inconnuë, qui en fait tous ses
divertissemens & le plus grand
plaisir de sa vie.

Voilà Monseigneur, quel est
le grand modele que vous avez
à imiter; vous n'avez pas besoin
d'autres leçons pour vous cou-

vrir de gloire, *et* pour être
sûr des benedictions qu'elles
vont attirer sur vous, accompa-
gnées des vœux *et* des applaudissemens de tous les gens de
bien, qui s'empresseront à vous
assûrer comme je fais ici, d'être
pour toûjours avec un profond
respect & un parfait attachement,

MONSEIGNEUR,

DE VÔTRE ALTESSE ROYALE,

Le tres-humble & tres-obéïssant
serviteur,

DE CALLIERES.

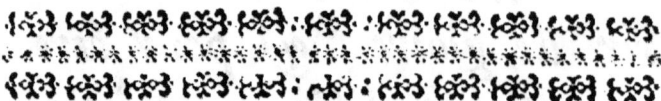

TABLE

DES

CHAPITRES.

ã v

TABLE

CHAPITRE V.

CHAPITRE VI.

CHAPITRE VII.

ã vj

TABLE

CHAPITRE III.

CHAPITRE IV.

TABLE

CHAPITRE VIII.

CHAPITRE IX.

CHAPITRE X.

Fin de la Table.

DE

DE LA

SCIENCE
DU MONDE

ET

DES CONNOISSANCES UTILES
A LA CONDUITE DE LA VIE.

❖❖❖❖❖❖❖❖❖❖❖❖❖❖❖❖❖

PREMIERE CONVERSATION.

A MONSIEUR ***

JE vous tiens parole, Monsieur, & je continuë à vous informer des sentimens de Monsieur le Commandeur De..... sur des sujets plus importans que

A

ceux qui regardent la perfection
de nôtre langue, & les nouvelles
façons de parler qu'il y a trou-
vées introduites depuis ses voya-
ges : Il retourna chez Madame
De... sa parente, & il y retrouva
la Marquise De... & le Duc
De... qui avoient pris un grand
goût à son entretien, après les
premiers complimens sur son
dernier voyage de Malthe, où il
étoit allé à dessein de signaler
son zele pour le service de la Religion menacée par les Turcs :
Sçavez-vous, luy dit la Marquise,
que j'ai beaucoup profité de vos
dernieres conversations, qu'elles
m'ont élevé l'esprit, & qu'elles
m'ont donné assés de courage
pour entreprendre de m'instruire
de quantité de choses que j'i-
gnore, & sur tout de celles qui
ont rapport à la Science du
Monde, & aux Connoissances
utiles à la conduite de la vie, qui

felon moi, doivent être mifes au nombre des plus neceffaires. Je crois, ajoûta-t'elle, que je n'ai pas befoin d'apprendre pour cela le Grec ni le Latin, & que je puis encore me paffer de certaines autres Sciences qu'il femble qu'on n'apprend que pour les oublier, ou pour en devenir plus préfomptueux & moins fociable; mais je fuis perfuadée que je ne trouverai gueres de gens capables de m'inftruire de ce que je voudrois fçavoir, & qu'il faut pour cela un long-temps & un grand ufage aux dépens de mes plus belles années; jugés donc de l'obligation que je vous aurai fi vous voulez bien m'aider à acquerir ces connoiffances qui me manquent & que je defire avec paffion.

Je n'ai que trop de raifons, Madame, répondit le Commandeur, pour m'excufer de vous

répondre ſur une matiere ſi vaſte
& ſi difficile, mais comme vous
êtes en droit de m'ordonner ce
qu'il vous plaît, & qu'il ne m'eſt
pas poſſible de vous déſobéïr, je
vous dirai naturellement ce qui
me viendra dans la penſée là-
deſſus.

CHAPITRE I.

*De la Science du Monde & en quoi
elle conſiſte. Qu'il y a deux choſes
à éxaminer pour bien regler nôtre
conduite, les manieres d'agir exterieures & le procedé eſſentiel.*

IL me ſemble donc que la
Science du Monde & les Connoiſſances les plus neceſſaires à
la conduite de nôtre vie, ſont
celles qui nous inſtruiſent de nos
devoirs envers Dieu & celles qui
nous apprennent à bien vivre
avec les hommes.

Comme la religion & ſes pre-

ceptes nous .enseignent ce qu'il
faut que nous sçachions pour satisfaire aux obligations d'un véritable chrétien, & à celles d'un
bon citoïen ; je crois que ce n'est
pas cela précisement que vous
me demandés, mais seulement
quelques observations sur ce qui
peut contribuer à former un
homme agréable, poly, officieux
& bienfaisant, qui soit souhaité
& reçû avec plaisir dans toutes
les societés, & qui soit digne de
l'estime &, de l'amitié des autres
hommes.

Voilà justement, dit la Marquise, ce que je desire de sçavoir,
& je souhaite encore que vous
fassiez assés de cas des femmes
pour les instruire de ce qui peut
les perfectionner, afin de les mettre en état de partager avec les
hommes les belles qualitez que
vous pouvés leur faire acquerir.

A iij

Je ne fuis, Madame, répondit le Commandeur, ni affez préfom-ptueux pour m'attribuer un tel honneur, ni affez injuſt? pour empiéter fur vos droits; tout ce que je puis faire de plus avanta-geux pour les Dames, c'eſt de les exhorter à fuivre vôtre éxem-ple en leur faifant remarquer la juſteſſe de vos penſées, la déli-cateſſe de vôtre goût, vôtre do-cilité à profiter des conſeils que vous demandés, & toutes les autres belles qualitez qui fe dé-couvrent tous les jours en vous.

Quant à l'éxamen que vous defirez de moi, il me femble que pour acquerir ce qu'on appelle la Science du Monde : il faut premierement s'appliquer à bien connoître les hommes tels qu'ils font en general, & entrer enfuite dans la connoiffance particuliere de ceux avec qui nous avons à vivre, c'eſt à-dire, de leurs inclinations & de leurs opinions bonnes & mauvaises, de leurs vertus & de leurs défauts.

Qu'il faut nous instruire des devoirs attachez à chaque condition & particulierement à la nôtre, & des bienséances qui se pratiquent parmi les honnêtes gens pour nous y conformer éxactement. Qu'il est necessaire pour cela de bien sçavoir les Mœurs, les Coûtumes, les Usages, les Céremonies, & l'Histoire vivante du païs que nous habitons, qu'il ne faut pas ignorer celles de nos voisins & les differentes formes de leurs gouvernemens, les genealogies & les droits de leurs Souverains, la scituation, l'étenduë & les forces de leurs païs; qu'il est encore fort utile de sçavoir les Langues de ceux qui ont le plus de commerce avec nous, leurs liaisons & leurs principaux interêts, & sur tout cet Art pre-

ferable à tous les Arts & à toutes
les Sciences, qui eft celui de fçavoir bien vivre avec tout le
monde.

Un homme qui fçait bien vivre
remplit tous les devoirs de la
Société dans laquelle il fe trouve ; & quoiqu'il foit fort exact à
fatisfaire à ce qu'il doit aux autres, il eft de facile convention
fur ce qui lui eft dû ; il excufe
volontiers les diftractions & les
négligences de fes Amis, & il
évite de les fatiguer par des re-
proches ou par des plaintes, qui
font plus capables de les aliener,
que de les faire revenir.

Les gens qui ne fçavent pas
vivre exigent d'ordinaire trop
de foins de leurs Amis & ne leur
en rendent pas affés ; cela vient
de ce qu'ils ne fortent prefque
jamais hors d'eux-mêmes pour
refléchir fur leurs devoirs, &
pour fe mettre en état d'y fatis-

faire afin de maintenir les loix de la focieté & de l'union, fi neceffaire entre les hommes pour les faire vivre heureufement.

Il faut pour cela un efprit accord, liant & infinuant, qui foit maître de fon humeur & de fes mouvemens, qui fçache regler fa conduite fur le caractere d'efprit & fur les differentes humeurs des hommes avec qui il eft en commerce, qui s'accommode à leurs paffions & même à leurs préventions & à leurs autres foibleffes, dans la vûë de les en faire revenir, & de les faire entrer dans des fentimens juftes & raifonnables, fur tout lorfqu'il s'agit de leur faire prendre quelques réfolutions importantes ; & c'eft ce grand art de manier les cœurs & de gagner les inclinations qui doit être regardé comme le chef d'œuvre de l'efprit humain, & comme celui qui a

A v

formé les premieres focietez entre les hommes, qui leur a donné
des Loix, & qui a établi les divers
degrez de puiffance, que plufieurs
d'entre eux ont fait paffer à leurs
defcendans.

Quoi, dit le Duc, vous croïés
que la perfuafion a eu plus de
part que la force à l'établiffe-
ment des premiers Souverains, &
des autres degrez de puiffance qui
fe trouvent parmi les hommes?

Sans doute, répondit le Commandeur, il n'y a pour en être
convaincu qu'à confiderer que
les premiers hommes étoient nez
égaux, & que le pouvoir de ceux
qui fe font élevés au-deffus du
commun a commencé par l'eftime & l'affection d'un certain
nombre d'hommes, qui les ont
jugez capables de les conduire
& de leur commander, & qui les
ont mis en état de fe faire obéïr
par les autres.

Mais pour revenir à nôtre sujet, comme la Science du Monde doit avoir pour but de bien vivre avec les hommes, & d'acquerir leur estime & leurs inclinations, il y a pour y réüssir deux choses principales à observer : les manieres d'agir exterieures, & le procedé essentiel.

CHAPITRE II.

Des manieres d'agir exterieures & de leurs effets. Des moïens de plaire dans la conversation.

LA plûpart des hommes, poursuivit le Commandeur, jugent des autres hommes par les demonstrations exterieures, & elles ont d'ordinaire plus de pouvoir sur eux que les qualitez essentielles.

Il y a deux causes de cette erreur : l'une, qu'il est plus aisé de juger sur ce qui frape nos sens,

A vj

que par les lumieres de nôtre raiſon : l'autre, que quelque grand attachement que les hommes aïent pour leurs ſolides interêts, ils ſont d'ordinaire encore plus vains qu'intereſſez ; ainſi lorſque quelqu'un leur dit des choſes douces & agréables, il eſt ſûr de leur plaire, parce qu'il contente leur vanité, & par la raiſon oppoſée il excite toûjours leur reſſentiment & leur haine lorſqu'il leur parle avec hauteur & avec rudeſſe.

Les manieres d'agir exterieures ont un tel pouvoir ſur l'eſprit des hommes, que les bienfaits accordez de mauvaiſe grace ſont ſouvent des bienfaits perdus, & qu'on peut ne pas accorder une grace à celui qui la demande ſans s'attirer ſon averſion, pourvû qu'on ſçache adoucir le refus qu'on en fait par des demonſtra-tions qui marquent le déplaiſir qu'on a de ne le pouvoir obliger.

Il arrive même presque toûjours que les hommes sont plus
irritez d'un procedé méprisant à
leur égard, que d'une injustice
qu'on leur a faite, parce que le
mépris blesse leur vanité, qui leur
est plus chere que leurs autres
interêts.

Il faut donc que les hommes
de quelque condition qu'ils puissent être, aïent une attention
particuliere à regler leurs manieres d'agir exterieures avec les
autres hommes, en sorte qu'ils
ne mécontentent jamais ceux
avec qui ils ont à vivre, par un
procedé incivil, par des airs dé-
daigneux, ou par des paroles
dures & hautaines; à moins qu'ils
n'y soient obligés pour leur marquer leur indignation de quelque
action blâmable ou de quelque
mauvais procedé: celuy qui en
use autrement, agit non-seule-

ment contre les regles de la bienséance & de l'honnêteté établies
parmi les hommes polis , mais
encore contre ses véritables interêts, qui sont de ne se point
attirer l'aversion de qui que ce
soit , toutes les fois qu'il est en
son pouvoir de l'éviter.

Si au contraire il s'accoûtume
à dire des choses honnêtes &
satisfaisantes à ceux avec qui il
est en commerce, rien n'est plus
capable de lui acquerir leur
estime & leur inclination, & de
répandre dans le public une reputation avantageuse à celui qui
observe cette conduite, & il doit
compter que cette reputation luy
est souvent plus importante qu'il
ne pense durant le cours de sa
vie.

Ces maximes sont si certaines,
répondit la Marquise, que je ne
comprens pas comment il y a
des hommes assés grossiers pour

tomber fi fouvent dans des défauts oppofés.

Cela vient, Madame, répondit le Commandeur, de ce que
la plûpart des hommes ne veulent pas fe contraindre, & qu'ils
aiment mieux fuivre le penchant
du mauvais orgüeil avec lequel
ils font nez, ou d'une humeur
bizarre & emportée aux dépens
de leur réputation, que de fon-
ger à la conferver par une voye
auffi facile que celle d'un honnête procedé.

Les manieres honnêtes font
non-feulement tres-utiles dans
la conduite de la vie ordinaire
à tous ceux qui font exacts à les
obferver, mais encore dans la
conduite des plus grandes affaires.

Il n'y a guere plus d'un fiecle
qu'un Prince d'une Maifon étrangere s'acquît en France l'eftime
& l'affection publique par fes

manieres civiles, agréables, ca-
reſſantes, bien-faiſantes & populaires, juſqu'au point que la faveur des peuples, ſoûtenuë de
pluſieurs grandes qualités qui
étoient en lui l'éleva ſi .haut,
qu'il fut accuſé de s'être mis en
état d'uſurper le trône de ſon
Souverain.

Un homme qui ſçait vivre eſt
non-ſeulement civil & honnête
avec tout le monde, mais il a
l'art de s'inſinuer dans le cœur
de ceux avec qui il eſt en commerce; il profite pour cela des
occaſions de leur dire des choſes qui leur ſont agréables, par
raport à la connoiſſance qu'il a
de leurs inclinations, de leurs
opinions & de leurs préjugez;
mais il le ſçait faire dignement
ſans fadeur & ſans baſſeſſe, &
il évite de tomber dans le défaut de ces froids & inſipides
loüangeurs, qui ſont quelquefois

plus infupportables qu'un homme rude & mal poli.

Pendant que nous fommes fur
les manieres exterieures, reprit
le Duc, je voudrois bien que
M. le Commandeur nous dit fes
fentimens fur les moïens de
plaire dans la converfation, qui
me paroît la voïe la plus ordinaire de s'infinuer dans l'efprit
& dans le cœur de ceux avec
qui nous avons à vivre.

Le premier de tous les moïens
de plaire, répondit le Commandeur, c'eft d'en avoir toûjours le
deffein & la volonté : lorfqu'on
veut fortement quelque chofe,
on eft appliqué & attentif à ce
qui peut nous y faire réüffir, &
c'eft le propre des paffions d'ou-
vrir l'efprit & de faire découvrir
les moïens de les fatisfaire.

Mais pour venir au détail que
vous me demandez, il me femble
que pour plaire dans la conver-

sation il faut commencer par son-
der le terrain, c'est-à-dire, éxaminer les esprits de ceux avec
qui on veut s'entretenir pour les
mettre sur des matieres qui sont
à leur portée, qu'ils aiment &
qu'ils sçavent le mieux ; ainsi
c'est un moïen assûré de plaire
à un homme entêté de sa qualité, de lui donner occasion de
parler de la Noblesse de ses Ancêtres ; à un homme de guerre
de raconter les Sieges & les Combats où il s'est trouvé, à un Negotiateur de parler des affaires
qu'il a traitées, à un Voyageur
des Païs qu'il a vûs , & de même
des autres applications des hommes. Cela vient de ce qu'ils cherchent presque tous à paroître
estimables , par les avantages
qu'ils croïent avoir au-dessus du
commun , & qu'ils aiment bien
mieux ceux qui les applaudissent
que ceux qui recherchent leurs
applaudissemens.

Il faut donc que celui qui veut plaire emploïe beaucoup moins sa dexterité à faire connoître les lumieres de son esprit, qu'à faire paroître celui des autres, & à relever avec choix & avec délicatesse les choses qu'ils ont bien faites ou bien dites. Le sacrifice qu'il semble faire en cela de ses interêts est un détour ingénieux qui lui abrege un long chemin, & qui lui fait faire beaucoup plus de progrés dans leur estime & dans leur amitié, que tout ce qu'il pourroit leur dire de plus merveilleux.

Il faut encore qu'il s'applique à découvrir quelles sont les passions principales & les opinions de ceux avec qui il s'entretient, afin de ne les pas choquer de front par des sentimens directement opposez, parce que la contrarieté des opinions aussi-bien que celle des humeurs & des inclinations produit d'ordinaire de l'averſion, de même quę l'amitié naît de leur conformité.

Mais, dit la Dame, quand il ſe trouve des erreurs & des choſes blâmables dans les opinions d'autrui; nous ſommes obligez de les en déſabuſer.

Lorſque cela arrive, reprit le Commandeur, il faut pour y réüſſir, prendre certains détours aſſaiſonnez, de certaines complaiſances propres à mener inſenſiblement l'eſprit de celui, aux ſentimens duquel il ſemble qu'on défere, juſqu'au but où l'on a deſſein de le conduire, ce qui ne ſe fait que ſucceſſivement & par degrez.

Il eſt peu d'hommes aſſés éloquens pour perſuader d'abord par la force de leurs raiſonnemens; mais il s'en trouve pluſieurs aſſez ſouples pour s'inſinuer agréablement dans l'eſprit de ceux à qui ils ont deſſein de plaire, & lorſqu'ils plaiſent, ils trouvent les moyens de perſua-der.

Celui qui veut plaire doit ſe dépoüiller de ſa propre humeur pour s'accommoder à celle des autres : il doit avoir égard à leurs préventions, ſans prétendre de les plier d'abord à recevoir ſes opinions, quelque raiſonnables qu'elles puiſſent être ; il faut qu'il ſorte pour ainſi dire de lui-mê-me, pour ſe mettre en la place de celui à qui il a deſſein de plaire, qu'après l'avoir connu tel qu'il eſt, il examine ſans aucun égard à ſes propres ſentimens & à ſes idées, ce que cet homme penſera vrai-ſemblablement ſur les cho-ſes qu'il a à lui dire, & les effets qu'elles produiront en lui, s'il a aſſés de penetration pour le dé-couvrir & aſſés de ſoupleſſe pour regler ſa conduite : ſur cette con-

noiſſance il réüſſira non-ſeulement à lui plaire, mais même à
ſe rendre inſenſiblement tres-
puiſſant dans ſon cœur.

J'avoüe, dit la Marquiſe,
qu'une perſonne qui obſerveroit
toutes ces choſes à mon égard
ſeroit capable de s'acquerir beaucoup de pouvoir ſur moi.

Cependant, reprit la Dame,
tout ce qui ſent la flaterie doit
déplaire aux gens de bon goût.

Cela eſt vrai, répondit le
Duc, mais il n'y a que la flaterie
groſſiere qui déplaiſe, & encore
voïons-nous ſouvent qu'elle a le
privilege d'être bien reçüë par
celui à qui elle s'adreſſe, quoiqu'elle paroiſſe fade & ridicule
à ceux qui n'y ſont point inte-
reſſés; mais pour les inſinuations
& les complaiſances adroites
dont M. le Commandeur vient
de nous donner l'idée, je comprens auſſi-bien que Madame la

Marquife, qu'il eft très-difficile de ne s'y pas laifler gagner, & c'eft fur tout un des moïens les plus propres pour faire du progrès dans le cœur des femmes.

Il n'y a aufli rien de plus capable de polir l'efprit des hommes & de les rendre agréables dans la converfation, reprit le Commandeur, que le commerce des Dames ; ce font elles qui leur infpirent le defir de plaire par des manieres douces, infinuantes, & délicates ; & c'eft avec elles qu'ils apprennent la plûpart des bienféances qui font en ufage parmi les gens polis & qui font une partie confiderable de la Science du Monde.

Elles contribuent encore quelquesfois, dit le Duc, à leur faire acquerir d'autres belles qualitez, puifque tel s'eft diftingué par de bonnes actions, qui n'auroit été qu'un homme mediocre, s'il n'a-

voit été animé par le defir de
leur plaire ; & c'eft fur ce fondement que nos Romans mo-
dernes nous font regarder l'a-
mour comme le principal mobile
de toutes les grandes actions de
leurs Heros.

CHAPITRE III.

*Que les Romans donnent de fauffes
idées de perfection. Qualitez neceffaires pour plaire dans la converfation.*

IL eft vrai, répondit le Commandeur, mais la lecture de
ces fortes d'ouvrages me paroît
dangereufe, fur tout aux jeunes
gens, dont le jugement n'eft pas
encore formé, en ce qu'ils leurs
donnent de fauffes idées de perfection & leur propofent fouvent
de mauvais modeles: car outre
que les Romans font remplis d'a-
vantures qui choquent le bon
fens

sens & la vrai-semblance , & qu'ils transportent leurs Lecteurs dans des manieres de vivre vision- naires & fort opposées à nôtre experience journaliere ; ils re- presentent l'amour excessif qu'ils donnent à leur Heros comme la premiere de toutes ses vertus & de ses belles qualitez, au lieu de le representer comme une foi- blesse à laquelle il se laisse en- traîner par un trop grand pen- chant au plaisir, & ils ternissent l'éclat de ses grandes actions en les faisant regarder comme des effets necessaires de son amour.

Ils ne devroient pas même nous laisser appercevoir que leur Heros les ait faites dans la seule vûë de la reputation qu'elles ont pû lui acquerir ; il faudroit pour remplir dignement l'idée de per- fection, que les faiseurs de Ro- mans se proposent de nous don- ner dans ces sortes d'ouvrages.

B

inventez à plaifir, qu'ils nous
repréfentaffent toutes les actions
de leurs Heros, comme n'aïant
pour but que de procurer le bonheur public, qui eft le feul motif qui peut les rendre veritable-
ment glorieufes; & c'eft fur ce
modele que les Anciens nous ont
peint les premiers Heros, emploïant leur vie à purger la terre
de monftres, de voleurs, de ti-
rans, de raviffeurs, & de tous les
perturbateurs du repos public.

Cependant, dit le Duc, ils
nous ont repréfenté *Hercule*,
Tefée, *Achille*, & tous leurs plus
grands Heros fenfibles à l'a-
mour.

Cela eft vrai, répondit le
Commandeur, mais ils ont regardé en eux cette paffion comme une foibleffe attachée à la
nature humaine, & comme une
efpece de relâche à leurs grands
travaux, & ils n'en ont pas fait

la principale occupation de leur
vie, comme font les Auteurs de
nos derniers Romans, qui ra-
portent toutes les penſées, toutes les actions & tous les deſſeins
de leurs prétendus Heros à leur
amour, & qui tâchent d'induire
les jeunes Princes & les gens
oiſifs à imiter les faux modeles
qu'ils leur propoſent par les peintures décevantes qu'ils leur en
font, & c'eſt ce qui me fait con-
damner la lecture de ces ſortes
d'ouvrages (quoique plains d'é-
xemples de grandes vertus)
à ceux qui ne ſçavent pas en ſé-
parer le bon d'avec le mauvais.

Monſieur le Commandeur nous
donne une belle & juſte idée des
véritables Heros, reprit le Duc,
mais je doute que depuis ces
premiers Heros dont il vient
de nous parler, & ceux de nos
anciens Romans de Chevalerie,
qui étoient occupez à redreſſer

les torts, il y en ait eu qui foient
parvenus à cette perfection de
s'oublier eux-mêmes pour ne fon-
ger qu'au bien public: Mais pour
revenir aux moïens de plaire
dans la converfation, je fupplie
M. le Commandeur de vouloir
bien continuer à nous dire ce
qu'il penfe là-deffus.

Comme il y en a de plufieurs
efpeces, répondit le Commandeur, il faut des lumieres & des
connoiffances fort étenduës pour
être en état d'y réüffir en toutes
occafions.

Il faut pour cela un efprit flé-
xible capable de traiter toutes
fortes de fujets, & de s'accommoder à la portée de toutes fortes d'efprits, une heureufe facilité de s'énoncer, un enjoüement
naturel qui fçache égaïer les
matieres les plus triftes, une fé-
condité propre à orner les plus
fteriles, & une memoire heureufe

enrichie de quantité de faits qui
aïent raport aux Sciences, aux
beaux Arts, à l'Hiſtoire, aux
affaires publiques du tems où
l'on eſt, & aux avantures particulieres des gens connus.

La plûpart des hommes reſ-
ſemblent aux enfans qui ſe plaiſent à être amuſez par de petits
contes vrais ou faux, & ils les
préferent preſque toûjours aux
raiſonnemens deſtinés à corriger
leurs foibleſſes.

La Morale endore diſent les
Comédies, & ſes preceptes ennuïent le commun des hommes,
quelque beaux & quelque utiles
qu'ils puiſſent être, à moins qu'ils
ne ſoient accompagnez de peintures vives ou d'avantures re-
joüiſſantes, qu'on puiſſe appliquer à quelqu'un.

Je ſupplie Monſieur le Commandeur, dit la Marquiſe, de
nous dire ſes ſentimens ſur les

bons mots & quel ufage on en
peut faire dans la converfation.

CHAPITRE IV.

Des bons mots. Des bons contes &
de leur ufage. Que la connoiffance
parfaite des beautés & des dé-
licateffes de la Langue du païs
où nous vivons eft neceffaire pour
plaire dans la converfation des
gens du monde. Utilités de la
connoiffance des Langues mortes.

L Es bons mots, répondit le
Commandeur, font eftimés
par leur rareté auffi-bien que par
leur prix ; mais ils font d'ordinaire préjudiciables à ceux qui
en font les Autheurs, & il eft
auffi dangereux que difficile de
les mettre au jour : ainfi il eft
fouvent de la prudence de s'en
abftenir & de les étouffer dés leur
naiffance, parce qu'ils choquent

d'ordinaire la vanité de quelqu'un, en ce qu'ils font appercevoir en lui quelque espece de ridicule, ce qui ne manque pas d'exciter son ressentiment & sa vengeance.

Ils doivent consister en la justesse, la force, & la nouveauté de la pensée, & en une heureuse application envelopée sous un sens figuré & non pas en des jeux de mots & des équivoques, que l'on appelle des pointes, dont la politesse Françoise commence à se purger, pendant qu'elles regnent encore, en dépit du bon goût, au-delà des Alpes & des Pyrenées.

Les bons contes, reprit le Duc, sont encore fort propres à rendre la conversation agréable quand ils sont bien choisis.

Cela est vrai, répondit le Commandeur, mais il faut qu'ils viennent naturellement au sujet dont

B iiij

on parle, & ne les pas raconter à propos de rien, comme certains conteurs de profeſſion qui les diſent à tous venants, ſans conſiderer ſi on eſt diſpoſé à les entendre : il faut encore s'abſtenir d'en rire en les récitant, & de les venter avant que de les avoir dits ; parce que le plaiſir qu'ils excitent en ceux qui les entendent vient d'ordinaire de la ſurpriſe qu'ils ont d'y apprendre quelque avanture plaiſante & imprévûë ; il ne faut pas auſſi tomber dans le défaut ordinaire à ceux qui ſe plaiſent à en faire, qui eſt de les redire pluſieurs fois à une même perſonne. Les contes les plus agréables ont le malheur de perdre la plus grande partie de leurs graces avec celle de la nouveauté, & ils deviennent même ennuïeux & fatiguans, à moins que celui qui les fait, n'ait un talent tout particu-

lier à les raconter & à les embé-
lir par des traits d'une imagination vive & féconde, qui y ajoûte
des circonſtances agréables.

Les vieilles gens, dit le Duc,
ſont ſujets à tomber dans le défaut de redire ſouvent les mêmes
contes aux mêmes perſonnes.

Cela me fait ſouvenir, répondit le Commandeur, de l'Abbé
T... dont le pere étoit un per-
petuel & ennuïeux faiſeur de
contes ; l'Abbé inquiet & impa-
tient en fut ſi fatigué, qu'il ſe ré-
ſolut de quitter la maiſon de
ſon pere pour ſe délivrer de l'ennui de les entendre , & il alla
faire un voïage en Italie : à ſon
retour étant rentré dans la
maiſon de ſon pere, il capitula
avec lui, & il lui dit avec un
air chagrin qui lui étoit naturel,
mon Pere, je vous le dis fran-
chement, ſi vous me faites encore
tels & tels contes qu'il lui nom-

B *

ma, je m'en retournerai en Italie, & ce difcours paffa depuis
en proverbe dans fon quartier,
où l'on difoit à ceux qui faifoient
plufieurs fois le même conte,
fi vous redites ce conte-là, vous
me renvoïerez en Italie.

Il y a, pourfuivit le Commandeur, des faifeurs de contes qui
fçavent les rendre agréables &
réjoüiffans, quoiqu'on les ait déja entendus, parce qu'ils ont le
don de contrefaire les gens dont
ils parlent, & que c'eft le propre de cette forte d'imitation de
faire rire. *Bois-robert* qui a paffé
pour bel efprit & qui étoit grand
conteur excelloit en cela ; il fçavoit un certain nombre de contes qu'il joüoit comme les Co-
médiens joüent une piece Comi-
que ; mais comme cette efpece
de talent de contrefaire les autres fent le bouffon, il ne doit
être mis en pratique, que par

ceux qui font païez pour faire
rire les autres, & il n'eſt pas digne
d'être emploïé par un honnête
homme.

Il me femble, reprit le Duc,
que pour plaire dans la converfation des gens du monde, la connoiſſance parfaite des beautez &
des délicateſſes de la Langue du
païs où nous vivons, eſt plus
neceſſaire que celle des Langues
mortes & qu'il faut éviter de
tomber dans le ridicule de certains ſçavans, qui n'eſtiment que
ce que les anciens ont dit en
Grec & en Latin, qui en font
fouvent des citations qu'on ne
leur demande pas, & qui à force
d'étudier ces deux Langues, ont
oublié, ou n'ont jamais bien ſçû
leur Langue maternelle.

La connoiſſance de ces Langues, répondit le Commandeur,
eſt tres-utile pour enrichir la
nôtre des belles & nobles pro-

ductions qui nous reſtent de ces
ſublimes génies de la bonne antiquité, à qui nous devons les
plus belles idées que nous aïons
des Sciences & le bon goût de la
vraïe éloquence : mais les Langues mortes doivent être particulierement conſiderées comme
des moïens propres à nous dé-
veloper ces belles connoiſſances,
& il ne faut pas rendre cette
étude infructueuſe, comme font
pluſieurs ſçavans, qui ſe contentent de charger leur memoire de
quantité de termes & de façons
de parler Grecques & Latines,
d'en rechercher les étimologies
douteuſes, ou d'en inventer à leur
mode, & qui négligent d'y rechercher les belles penſées & les
beaux ſentimens propres à éclairer leur eſprit & à perfectionner
leur cœur, ce qui doit être le
principal but de la connoiſſance
de toutes les Langues.

CHAPITRE V.

Comment s'acquiert la connoissance des beautés & des délicatesses de nôtre Langue. De l'air libre & naturel qui doit regner dans la conversation. Du choix des termes & des inconveniens qu'il y a de les mal choisir. Des differens effets que produisent le ton & l'air dont on parle.

CElle des bautés & des délicatesses de nôtre Langue, continua le Commandeur, se peut acquerir par la lecture des bons Livres, & plus encore par la conversation des gens du monde: elle consiste particulierement à bien sçavoir le bel usage qui est l'arbitre de toutes les Langues vivantes : mais il ne faut pas avoir là-dessus une délicatesse assez scrupuleuse pour n'oser se servir de façons de parler

communes dans les converfations ordinaires , ni affecter de
ne s'y exprimer qu'en des termes choifis & recherchez ; il faut
qu'il y regne un air libre & naturel ennemi de cette éxactitude,
qu'il eft bon d'obferver avec plus
de foin en écrivant , parce qu'on
a tout le tems neceffaire pour
bien penfer à ce qu'on veut dire,
& pour le mettre dans un bel
ordre : Mais pour les difcours ordinaires qui fe font dans la con-
vérfation , quand ils font fi étu-
diés & fi arrangés , & qu'on affecte d'y vouloir toûjours paroître fpirituel & éloquent ; cette
étude & cette affectation leur fait
perdre beaucoup de leurs graces,
elle devient même ennuïeufe &
fatigante à ceux qui écoûtent ces
beaux parleurs accoûtumez à
s'écoûter eux-mêmes , & qui
font d'ordinaire les feuls à s'admirer.

Il n'y a rien de fi vrai que ce que dit M. le Commandeur, reprit la Marquife, je le fçai par ma propre expérience. J'ai connu un homme de la Cour qui pefoit tous les mots qu'il difoit, & qui avoit un foin extrême de les arranger ; il paffoit pour un homme fort poli & fort fpirituel parmi les gens de fa cabale, cependant il mettoit mon efprit à la gêne dés que je l'entendois parler, & j'aimois mieux les manieres négligées de M. De ... qui difoit fouvent de mauvais mots, mais qui s'exprimoit naturellement & fans affectation.

Il ne faut pas auffi, répondit le Commandeur, paffer dans le défaut oppofé a l'affectation qui eft une trop grande négligence fur le choix des termes, en fe fervant de façons de parler baffes, & qui donnent de vilaines idées, ou de celles qui font hors

d'ufage par leur ancienneté : il eſt
bon encore de ne ſe ſervir qu'avec
beaucoup de circonſpection de
celles qui ſont fort nouvelles, &
dont l'affectation à les redire
ſouvent, a quelque choſe de ridicule & de badin, comme nous
l'avons déja remarqué ailleurs ;
& il faut ſe défaire de ce qu'on
appelle des mots favoris, qui
ſont ceux dont on ſe ſert trop
ſouvent, & ſçavoir faire un bon
choix des termes les plus propres
& les plus en uſage, pour bien
exprimer ce que l'on veut dire.

Un homme qui ne ſçait pas la
véritable ſignification des termes
dont il ſe ſert, tant dans le ſens
propre, que dans le figuré, &
qui ſe méprend dans le choix de
ceux qu'il emploïe pour expliquer ſes penſées, eſt ſujet à tomber dans de grands inconveniens ; il offenſe quelquefois
ceux à qui il parle ſans en avoir

l'intention ; il paſſe pour incivil
& pour groſſier, & il ſe tourne
en ridicule par ſon ignorance.

Je demeure d'accord que ces
ſortes de fautes ſont rares parmi
ceux qui ont eu une bonne éducation ; cependant on y a vû tomber des gens de la premiere qualité d'ont on cite encore tous les
jours des groſſieretez, par l'ignorance où ils étoient de la ſignification & des proprietez de divers mots de nôtre Langue, témoin celui qui étant allé voir
une Dame qui étoit en grand
deüil, & qui l'aïant trouvée cou-
chée ſur un lit tendu de noir,
lui dit: Vous avez Madame un
lit bien *lubrique*, pour dire bien
lugubre ; & cet autre, qui parlant
à une Dame bien-faite, de quelques autres Dames qu'il avoit
vûës dans une Cour étrangere
& ſur leſquelles elle l'interro-
geoit : Il y en a de belles, lui

dit-il, mais il n'y en a pas *de vôtre calibre*, fans confiderer que ce terme ne convient qu'à un moufquet, ou à quelqu'autres armes à feu, & non pas à une Dame.

Je crois, dit le Duc, qu'il eft encore néceffaire de fe corriger de la mauvaife prononciation & du mauvais accent que chacun apporte de fa Province.

Cela eft vrai, répondit le Commandeur, & il ne faut fouvent que quelque mot mal prononcé ou dit avec un mauvais accent, pour faire tourner en ridicule une perfonne qui feroit d'ailleurs fort eftimable, parceque la plûpart des hommes s'attachent aux chofes exterieures, & reprennent avec joïe les moindres défaut d'autrui, fans fe foucier d'éxaminer leurs bonnes qualitez.

Il me femble, dit la Marquife,

qu'il feroit utile & divertiffant d'éxaminer quelques accents & quelques prononciations des gens de la Cour, de la Ville & des Provinces, comme faifant partie des agrémens ou des défauts du langage.

De tous les differens accens qui font en ufage dans les differentes Provinces de France, reprit le Commandeur, l'accent Gafcon eft à mon gré le feul qui donne de la grace au difcours pourvû qu'il ne foit pas trop fort, & qu'il n'en refte qu'une petite pointe, comme celle que l'ail donne aux fauces, quand il n'y en a que fort peu, mais qui n'eft pas fuportable quand on y en met trop. La comparaifon n'eft pas fort relevée, adjoûta le Commandeur, mais elle convient au païs dont nous parlons.

Voilà, dit la Marquife, un grand privilege que vous accordez aux Gascons en approuvant leur accent, & en condamnant tous les autres.

Il est vrai, Madame, répondit le Commandeur, & je consulte peut-être en cela plûtost mon goût que la raison ; car, à le bien prendre, il ne faut avoir aucun accent ; mais s'il y en a quelqu'un d'agréable, il me semble que c'est celui-là, sur tout dans la bouche de quelques jeunes & aimables Gasconnes dépaïsées, telles qu'il en vient de nos Provinces, qui sont au-delà de la Loire.

Comme la Marquise étoit de ce païs-là, & en avoit retenu quelque chose dans sa maniere de prononcer, elle sçût tres-bon gré à M le Commandeur de cette préference.

En verité, lui dit-elle, vous sçavez bien mettre vos regles en pratique, en ne perdant aucune

occaſion de dire des choſes obli-
geantes, & je ſuis d'avis que
toutes les Dames qui ſont nées
comme moi au-delà de la Loire,
vous remercient du privilege que
vous leur accordez.

Oüï : mais dit la Dame, M. le
Commandeur ne s'apperçoit pas
qu'il déſoblige en même tems
les femmes de l'autre moitié du
Royaume, ſans en excepter celles qui ſont nées dans la Capitale,
dont il condamne l'accent auſſi-
bien que celui des Provinces voi-
ſines.

J'avoüe, Madame, reprit le
Commandeur, que je ne ſerois
pas d'avis qu'on conſervât l'accent, ni la prononciation de pluſieurs de nos Provinces, ni même
de certains quartiers de Paris ;
car quoique Paris ſoit le centre
de la politeſſe, elle n'eſt pas ré-
panduë ſur tous les habitans de
cette grande Ville, particuliere-

ment en matiere de langage.

Je connois, reprit le Duc, des gens de la Cour, qui ne prononcent pas mieux que plufieurs gens de la Ville & des Provinces, au moins fi j'en juge par mes oreilles: mais comme je puis fort bien m'y tromper, je ferai bien-aife de fçavoir vos fentimens fur quelques prononciations que j'y entends fort fouvent.

Il y a par exemple quantité d'hommes & de femmes de la Cour qui difent, vous *m'excuferais*, vous *verrais*, vous *dirais*, vous *ferais*, & qui prononcent ces mots-là comme le mot de *marais*; & moi je crois qu'il faut prononcer, vous m'excuferez, vous verrez, vous direz, & que tous ces mots-là fe doivent prononcer comme les mots de *parez* & *dorez*.

Je fuis entierement de cet avis, répondit le Commandeur, & on ne peut ni mieux expliquer, ni mieux décider la question.

Il me semble pourtant, dit la Dame, que ce sont les gens de la Cour qui doivent décider de la prononciation, & que puisqu'ils prononcent vous *verrais*, vous *dirais*, vous *ferais*, c'est ainsi qu'il faut prononcer.

Cette conséquence n'est pas toûjours juste, reprit le Commandeur ; car la Cour étant composée de gens de la Ville & des Provinces, la plûpart y apportent leurs mauvaises prononciations, témoin celle dont il s'agit qui est une prononciation Parisienne, qui s'est introduite depuis peu dans le commun des courtisans, & sur tout parmi les femmes, qui font moins de réflexion sur la Langue ; ce qui n'empêche pas que ceux qui parlent bien, ne disent, comme on a toûjours dit, vous verrez, vous direz, vous

ferez, qui eſt la ſeule bonne maniere de prononcer ces mots-là,
& pour vous en donner une preu-
ve tirée des éxemples que M. le
Duc a citez fort à propos, ſi un
homme vouloit faire rimer ces
deux mots, en diſant :

Conſiderez dans ce marais.
Les roſeaux que vous y verrais.

Tous ceux qui ſçavent nôtre
Langue, diroient que ce ſeroit
une fauſſe rime : & ſi au contraire, il diſoit en parlant de
Verſailles,

Ce ſuperbe Palais & ces lambris
dorez
Ces beaux jardins que vous verrez.

ils trouveroient la rime fort
juſte.

Pour marquer, reprit le Duc,
qu'il y a à la Cour des gens qui
parlent & qui prononcent mal ;
j'en

j'en connois plusieurs & des plus
qualifiés, qui prononcent *un*
comba, un cha, un pla, un po, un
fago, un so ; & cependant je crois
qu'il faut *prononcer un combat, un*
chat, un plat, un pot, un fagot, un
sot, en marquant le *t* qui est à
la fin de ces mots-là. Il y en a
aussi plusieurs qui prononcent *le*
pont neu, un œu, du bœu, comme
on prononce *du feu* ; & il faut
prononcer *le pont neuf, un œuf &*
du bœuf, en marquant *l'f* ; je crois
encore qu'il faut dire, *un sac, un*
trictrac, du tabac, du cotignac, &
non pas *un sa, un trictra, du taba,*
du cotigna, comme ceux qui en
pensant adoucir ces prononciations les rendent fades & désa-
gréables ; mais pendant que nous
sommes sur les prononciations
en *sc,* je voudrois bien sçavoir s'il
faut prononcer *l'Arsenac* ou *l'Ar-*
senal.

Il n'est pas douteux, répondit

C

le Commandeur, que pour parler
regulierement, il faut dire l'Ar-
fenal, & que l'Arfenac eft une
corrúption introduite par le Peuple, qui a été adoptée par un
certain nombre de gens du monde, qui difent comme le Peuple
l'*Arfenac*, plufieurs même vont
jufqu'à dire, que ceux qui affectent de rejetter ce mot-là, &
quantité d'autres mots que le
public a corrompus, font ce
qu'ils appellent *pindarifer*; cependant il faut prendre garde de
ne pas imiter diverfes autres prononciations populaires, à moins
qu'elles ne foient reçûës de long-
temps par les gens du monde, &
qu'elles n'aient acquis le droit
de prefcription contre les criti-
ques du langage.

Il me femble, réprit le Duc,
qu'il faut encore ajoûter à ce que
M. le Commandeur a fort bien
remarqué, que quand même il

se trouveroit encore des gens assés complaisans pour se servir du mot de *l'Arsenac*, qui est tres-mauvais, il faut toûjours écrire l'Arsenal, mais je ne crois pas qu'il faille dire *cheux vous*, *ni cheux moi*, comme dit toûjours un vieux Seigneur de la Cour, au lieu de dire chez vous & chez moi, & je crois qu'il ne faut pas dire aussi comme lui *avanz-hier*, au lieu de dire avanthier ni *devantzhier*, comme disent ceux qui parlent encore plus mal.

Il y a beaucoup de gens, continua le Duc, qui prononcent *norir*, *noriture* & *norrice*, & je crois qu'il faut toûjours prononcer *nourir*, *nouriture* & *nourice*: cependant il y a des femmes de la Cour qui y sont depuis long-tems, & qui m'ont soûtenu qu'on y disoit *Madame la norice*, & non pas Madame la nourice ; & que l'on y disoit encore norir & noriture, ce qui eſt également mal parler.

Je crois, dit le Commandeur, que celles qui diſent Madame *la norice* ont pris cette mauvaiſe prononciation de quelques noúr-rices ou de quelques femmes de chambre, mais il ne faut pas les imiter en cela.

Il y en a, pourſuivit le Duc, qui en ôtant un *u*. au mot de nourrice, l'ajoûtent à des mots qui n'en doivent point avoir ; comme ceux qui prononcent *Roume*, *Poulougne*, *Coulougne*, *Boulougne* ; au lieu de prononcer Rome, Pologne, Cologne, Bo-logne, & qui prononcent *un pourtrait*, au lieu d'un portrait ; *une chouſe*, pour dire une choſe, & il y en a pluſieurs qui pronon-cent *tunber*, au lieu de dire tom-ber.

Ces dernieres prononciations, reprit le Commandeur, ſont du vieux temps ; & il n'y a gueres que les gens de la minorité du feu Roi qui prononcent ainsi ; il y en a aussi de ce temps-là qui disent qu'ils vont se *pourmener*, au lieu de dire se promener, & qu'ils viennent de la pourmenade, au lieu de la promenade.

Ceux de la même datte prononcent en *ois* les mots *de j'avois*, *je disois*, *je faisois*, au lieu de prononcer *j'avais*, *je disais*, *je faisais*, comme on prononce je fais, je vais. Il en est de même des noms de quelques nations, ils prononcent en *ois*, *les Anglois*, *les Hollandois*, *les Polonois* ; cependant l'usage a introduit de prononcer *les Anglais*, *les Hollandais*, *les Polonais* : on prononce aussi les *Français*, excepté en vers & dans les discours publics, où on prononce encore en *ois*, les *François* ; mais comme l'usage a ses bizarreries, il a respecté les prononciations anciennes des

C iij

Suedois & des Danois, & on ne peut pas dire un *Suedais*, ni un *Danais;* on dit aussi les Hongrois, les Bavarois, les Navarois, mais on prononce un *Milanais*, *un Piedmontais, un Lionnais,* & non pas un Milanois, un Piedmontois, un Lionnois, quoiqu'on les écrive de cette sorte.

Voici encore un autre effet du caprice & de l'inégalité de l'usage ; on prononce droit & droiture comme on l'écrit, & on prononce adroit & endroit, comme si on écrivoit *adret & endret;* on écrit foible & foiblesse, & cependant le plus grand usage est de prononcer *feble & feblesse;* il en est de même de froide, froideur, roideur, on prononce *frede, fredeur, redeur.*

Il y a, poursuivit le Commandeur, plusieurs gens de la Cour qui prononcent mal des mots qui se terminent en *eur,* & qui disent *mon tailleux*, *mon brodeux*, *mon baigneux*, comme s'il y avoit un *x* ou une *s* à la fin ; ils diſent auſſi *un trompeux*, *un mocqueux*, *un railleux*, *un parleux*, *un cauſeux* ; cependant il faut dire, un tailleur, un brodeur, un trompeur, un railleur, un cauſeur & ainſi des autres ſemblables, en prononçant l'*r* qui eſt à la fin de tous ces mots là. Mais il y a d'autres mots où il ne faut pas prononcer l'*r* qui eſt à la fin, comme dans ceux-ci, un Conſeiller, un Cocher, un Eſcuier, un Roturier, un Portier, un Courrier, un Levrier, un Jardinier ; il ne faut pas auſſi prononcer la derniere *r* aux mots de premier & dernier ; on prononce M. le Premié, en parlant du premier Eſcuier du Roi, quoiqu'on l'écrive de cette derniere maniere ; & on prononce le dernié venu, quoiqu'on écrive le dernier venu : il en eſt de

C iiij

même des infinitifs qui se terminent par une *r*., comme parler,
aller, partir, sortir; c'est une mauvaise prononciation Parisienne
que de faire sonner l'*r* à la fin
de ses infinitifs, qui se doivent
prononcer *allé*, *parlé*, *parti*, *sorti*,
comme s'il n'y avoit point d'*r* à
la fin, excepté dans les vers où
il faut prononcer l'*r* lorsqu'elle
marque la rime, ou qu'elle est
suivie d'une voyelle: il en est de
même du mot de plaisir, il faut
prononcer *plaisi*, comme s'il n'y
avoit point d'*r*, à moins que le
mot qui suit ne commence par
une voyelle, comme quand on
dit, *c'est un plaisir extrême*, alors
l'*r* se prononce & non autrement;
il n'en est pas de même des mots
desir, *soupir*, *martir*, où l'*r* se doit
toûjours prononcer ; mais sans
allonger la derniere sillabe, comme font plusieurs du commun
des Parisiens, qui prononcent

desiir, soupiir, martiir, alleer, par-
leer, partiir, sortiir; ils allongent
encore la prononciation de quelques autres mots comme celui
d'affaire, qu'ils prononcent affe-
ere, comme s'il y avoit deux *ee*
au lieu d'un *a* & d'un *i*. Il y en
a aussi qui prononcent un *maasson*,
un *baatteau*, & *naager*; comme
s'il y avoit deux *aa.* à chacun de
ces mots là, au lieu de prononcer
un masson, un batteau & nager
avec un *a* bref. Plusieurs Bour-
geois de Paris prononcent aussi
la *gloüere*, la *vittoüere*, l'*hiftoüere*,
une *écritoüere*, comme s'il y avoit
un *u*, au lieu de prononcer la
gloire, la victoire, l'histoire, une
écritoire; & il y en a beaucoup
qui ne prononcent point ce qu'on
appelle les *ll* moüillées, & qui
disent *un Conseïer, de la païe, du
bouïon*, au lieu de prononcer un
Conseiller, de la paille & du
boüillon. Il y a à Paris un grand

C v

nombre d'autres mauvaiſes prononciations dont un plus long
récit pourroit vous ennuïer, &
qui ne ſont que du bas peuple
comme eſt cette derniere.

Mais, dit la Dame, après avoir
parlé de celles de la Cour & de
la Ville, encore faut-il dire quelque choſe de celles des Provinces, ſur tout des païs ſcitués au-
delà de la Loire, qui ont trouvé
grace auprès de M. le Commandeur ; & puiſqu'il ne juge pas à
propos de les remarquer, je ſuis
d'avis de prendre ce ſoin.

Il y a quelques jours que je
reçûs une viſite d'un homme du
païs *d'adjieucias*, qui dans la deſ-
cription qu'il me fit de ſa maiſon
de campagne qu'il appella ſon
Château, me dit qu'il y avoit
un pron & une traſſe ; je n'enten-
dis pas d'abord ce qu'il me diſoit, mais je devinai dans la ſuite
qu'il vouloit dire un perron &

une terraſſe ; & ce qui me le fit
deviner, c'eſt qu'il parla de ſa
perruque qu'il nomma *ſa pruque* :
il me dit qu'il avoit chez lui de
bons melons ; au lieu de prononcer de bons mélons ſans marquer
d'accent ſur l'é ; il me dit enſuite
qu'il avoit bien *de doleur* de quitter Paris, pour dire bien de la
douleur.

Je connois lui dis-je, Monſieur
. . . qui eſt Intendant de vôtre
Province : *il y put* beaucoup,
Madame, me répondit-il : je crus
d'abord qu'il me diſoit que M.
l'Intendant De . . . . . ſent mauvais, mais ce n'étoit pas cela, il
vouloit dire, qu'il y a beaucoup
de pouvoir. Ces deux qualités ne
ſont pas toûjours incompatibles
dans le même homme, reprit la
Marquiſe, car j'en connois un qui
peut, & qui put beaucoup au
Pays où il eſt.

Je le crois répondit la Dame,
C vj

mais pour revenir à mon Gaſcon, je lui parlai des Dames de ſon païs & je lui dis qu'elles avoient la réputation d'avoir beaucoup d'eſprit ; il eſt vrai, me répondit-il, qu'il y *as* en mon païs plus de femmes *eſpirituelles* que de femmes *eſtupides*, & elles ont beaucoup *de ſu* dans la conver-ſation, pour dire beaucoup de feu.

Si nous entreprenions, dit la Marquiſe, de critiquer les mau-vaiſes prononciations de toutes les Provinces de France, nous n'aurions pas fait de long-temps; ainſi pour montrer que je ſuis indulgente , je ſuis d'avis que nous faſſions grace à tous les païs qui ſont au-deçà de la Loire; car auſſi-bien il faudroit ſçavoir la muſique pour noter les diffe-rens tons dont ils ſe ſervent, s'il eſt vrai comme on me l'a dit, qu'il y en en a qui à l'exemple

des Chinois chantent en parlant,
mais que leurs recitatifs ne sont
pas si mélodieux que ceux de
l'Opera.

Cette imagination de la Marquise parut d'autant plus plai-
sante au Commandeur, qu'elle
le fit souvenir du mauvais accent de quelques Chevaliers Pi-
cards & Normands qu'il avoit
connus à Malthe, & qui n'avoient
pas oublié le ramage peu agréable des habitans de leurs Provinces.

Puisque Madame la Marquise,
reprit le Duc, veut bien faire
grace à toutes les Provinces qui
sont au-deçà de la Loire, sur leurs
mauvaises prononciations & sur
leurs accens, je crois que nous ne
sçaurions mieux faire que de continuer à examiner ce qui peut
plaire dans la conversation.

Il me semble, poursuivit-il,
qu'il ne suffit pas pour cela de

prendre garde aux termes & aux belles manieres de s'énoncer, il faut aussi regler le ton & l'air dont on parle, parce que ces deux choses contribuënt beaucoup à acquerir l'inclination, ou à attirer l'aversion de ceux avec qui on s'entretient : une chose agréable en soi, dite avec un ton rude & un air impérieux, ne manque pas de déplaire ; & une autre qui seroit peu agréable par elle-même est beaucoup adoucie, quand on la dit d'un ton & d'un air doux & honnête.

CHAPITRE VI.

Suite des moïens de plaire dans la conversation & de ce qu'il y faut éviter. Des differentes especes d'ennuïeux dans la conversation.

CEla n'est pas douteux, reprit le Commandeur, il y a deux

manieres entierement oppofées
d'exprimer une même penfée, &
ces manieres oppofées ne dépendent pas feulement du choix des
termes parmi lefquels il y en a
de fiers, de méprifans, de durs,
d'obligeans, d'agréables, d'honnêtes, pour fignifier la même
chofe. Il y a un autre Langage,
qui comme M. le Duc l'a fort
bien remarqué ; dépend des tons
differens dont on fe fert ; il y en
a de hautains, de rudes, de me-
naçans, de moqueurs ; il y en a
de doux, de tendres, d'humbles
de modeftes, de compatiffans, de
careffans, & cette efpece de mufique exprime les fentimens d'e-
ftime, d'amitié, de haine, de mépris, & toutes les paffions de celui qui s'en fert : il en eft de même
de l'air & des mouvemens du vifage, fur tout de ceux des yeux,
qu'on a juftement appellez les
miroirs de l'ame, parce que c'eft

par eux qu'on void souvent ce
qu'elle pense, quand elle laisse
agir ses mouvemens naturels; &
qu'elle ne s'étudie pas à les cacher par des signes opposez, &
ces mouvemens exterieurs de celui qui nous parle excitent en
nous de l'aversion, ou de l'inclination, selon les sentimens que
nous découvrons en lui sur ce qui
nous touche: ainsi l'homme fier
& emporté qui nous parle d'un
ton rude & menaçant nous irrite,
& l'homme doux & tranquile
qui nous parle d'un ton agréable
& avec des manieres caressantes
& qui marquent du desir de nous
plaire & de nous obliger, cause
en nous les mêmes sentimens à
son égard.

C'est par la même raison, qu'un
air chagrin, inspire d'ordinaire
des sentimens de même nature à
ceux devant lesquels on le fait
paroître; ainsi il faut observer

quand on va en compagnie, sur
tout de gens à qui on veut plaire,
de s'y préfenter toûjours avec un
vifage ferain & plus difpofé à la
joïe qu'à la triftelle.

Quoique l'air enjoüé foit d'ordinaire fort agréable, pourfuivit
le Commandeur, il a fes excès
qui peuvent contribuer à faire
juger peu avantageufement de
l'efprit de celui qui fe laiffe aller
legerement aux emportemens de
joïe, & aux grands éclats de rire;
il arrive rarement que ces rieurs
exceffifs foient des gens de beaucoup d'efprit, & il fied toûjours
bien de demeurer là-deffus dans
une honnête médiocrité, fur
tout à ceux qui font élevez en
quelque dignité confiderable,
foit par leur naiffance ou par
leurs emplois, & ils doivent regler leur exterieur pour ne pas
donner lieu à leurs inférieurs,
d'entrer avec eux en un trop

grand point de familiarité, qui
attire après elle divers inconvéniens.

Il faut éviter aussi un autre air
indifferent & froid qu'affectent
certaines gens, qui semblent toûjours craindre que l'on n'abuse
de leurs caresses, & qui ne manquent guéres de leur aliener les
inclinations de ceux avec qui ils
ont à vivre.

Mais la plus dangereuse de
toutes les conduites, c'est de s'accoûtumer à un air mocqueur, qui
a quelque chose de méprisant &
de malin; il n'y a point de plus
sûr moïen d'éxciter des haines
implacables contre celui qui s'en
sert frequemment, de quelque
condition qu'il puisse être, depuis la plus basse jusqu'à la plus
élevée; parce que de toutes les
injures qu'on puisse faire aux hommes, il n'y en a point qu'ils souf-
frent d'ordinaire plus impatiem-

ment, que de se voir tourner en ridicules : cela vient de ce que les traits de la mocquerie attaquent le plus vif de leurs sentimens, qui est celui de l'amour excessif qu'ils ont pour eux-mêmes & le desir continuel qu'il leur inspire de se faire estimer des autres hommes ; ils sont si sensibles là-dessus, quils ne peuvent souffrir aucune marque de mépris de ceux-même qu'ils n'estiment pas.

Je croi, dit le Duc, que l'une des choses qui est encore la plus necessaire pour plaire dans la conversation, est de s'accoûtumer de bonne heure à être attentif & appliqué à ce qu'on nous dit ; car rien n'est plus désagréable que la societé de ces gens distraits, dont l'esprit est toûjours séparé du corps, qui vous font répeter plusieurs fois les mêmes choses, & qui ne répon-

dent jamais juſte , parce qu'ils
ne vous écoutent pas ; ce qui fai-
ſoit dire à un homme d'eſprit,
lorſqu'il vouloit louër le jugement de quelqu'un, Monſieur
un tel écoute bien ce qu'on lui
dit. Il y a encore un manque d'attention, qui vient de la vivacité
& de l'impatience de certaines
gens qui vous font pluſieurs queſtions de ſuite, ſans attendre que
vous leur aïez répondu à la premiere, ou qui ne donnent pas le
tems de leur parler.

Ce dernier défaut, répondit le
Commandeur, eſt aſſez ordinaire
au commun de nôtre Nation,
qui eſt naturellement ſi vive &
ſi impatiente, qu'elle ne peut preſque jamais obtenir ſur elle-même
d'écouter juſqu'au bout ceux qui
lui parlent. Un François veut
d'ordinaire avoir entendu dès le
premier mot tout ce qu'on a deſſein de lui dire , ou plûtôt il eſt

fi occupé & fi rempli de fes idées,
qu'il ne fonge qu'à fe faire écouter; cela eft aifé à remarquer dans
nos converfations ordinaires, où
nous parlons prefques tous à la
fois, fur tout lorfqu'il s'éleve
quelque conteftation, ce qui eft
non-feulement fort défagreable
& fort oppofé aux moïens, de
plaire dans la converfation, mais
encore très-préjudiciable dans la
maniere de traiter les affaires
tant publiques que particulieres.

Il s'agit prefque toûjours d'é-
couter beaucoup pour parler enfuite bien à propos,& pour répondre jufte, & c'eft une des regles
les plus neceffaires de l'art de la
converfation.

Il faut encore s'accoûtumer à
n'y propofer fes fentimens, que
comme des opinions vrai-fembla-
bles & non pas comme des déci-
fions aufquelles tout le monde
doit s'affujettir, parce que c'eft

vouloir ôter aux hommes avec
qui on s'entretient le droit qu'ils
ont naturellement de juger par
eux-mêmes des choses dont il
s'agit; & c'est par cette raison
que ces gens si décisifs soûlevent
d'ordinaire les esprits de ceux
avec qui ils s'entretiennent, &
font naître le desir de contredire
toutes leurs opinions, mêmes les
plus raisonnables.

Ceux qui s'échauffent à con-
tester sur les moindres bagatelles,
comme sur les choses les plus importantes, sont encore d'une conversation tres-désagreable; il faut
sçavoir y traiter tous les sujets
qui se présentent avec une facilité enjoüée, un agréable badinage, & un désinteressement toûjours prêt à abandonner la dispute, lorsqu'elle devient sérieuse
ou trop échauffée; si l'affaire est
importante il faut y expliquer
ses pensées & ses raisons avec

netteté & avec tranquillité & être toûjours prêt à se rendre à la vérité dés qu'on nous la fait connoître, sans se piquer du vain honneur de soûtenir nos premiers sentimens.

Lorsque la vérité nous est connuë, il faut tâcher de la faire connoître aux autres le plus clairement qu'il nous est possible, sans se servir de termes durs ni de discours aigres, picquans, ou méprisans: & quand ceux qui aiment à disputer ne la veulent pas connoître & s'opiniâtrent à la combatre par de mauvais raisonnemens, il faut cesser de les contredire, sans s'efforcer inutilement de les convaincre & sans triompher de leurs erreurs; celuy qui prend ce parti ne relâche en cela rien de ses interêts; & il remporte le veritable prix de la conversation; car il plaît non-seulement à tous ceux qui

l'ont écouté sans avoir pris part
à la dispute, mais même à ceux
à qui il a cédé le vain honneur
d'avoir parlé les derniers, & de
l'avoir surpassé en opiniâtreté.

Je sens, dit la Marquise, la
bonté & la vérité de toutes ces
observations.

Pour moi, reprit la Dame, je
n'y voi rien de fort merveilleux,
& il y a peu de gens qui puissent
les ignorer.

On ne les donne pas pour mer-
veilleuses, Madame, repliqua la
Marquise, mais pour être utiles,
& raisonnables ; & il y a lieu de
s'étonner que de tant de gens qui
en sont instruits & qui peuvent
juger de leur utilité, il y en ait
si peu qui les mettent en pratique, & qui ne se laissent entraîner aux défauts qui leur sont opposez : cependant combien y a-t-il
de différence entre une personne
qui pratique exactement tout ce

que

que M. le Commandeur nous a
si bien remarqué & ces esprits
durs & contrarians, qui sont toûjours prêts à disputer sur des choses indifferentes, par la seule paf-
sion qu'ils ont de contredire, &
qui se contredisent eux-mêmes
dés que ceux avec qui ils disputent
reviennent à leur avis.

Combien une personne qui exprime ses sentimens avec modestie & avec retenuë, est-elle au-dessus de certaines gens que nous
connoissons, qui avec de grands
airs & des manieres suffisantes
& présomptueuses, veulent qu'on
les croïe sur leur parole dans
les choses du monde qu'ils sçavent le moins, ou le plus impar-
faitement, & dont ils sont les plus
incapables de juger.

Je ne puis encore souffrir, poursuivit la Marquise, ces gens qui
témoignent être toûjours si contens de leurs fades & ennuïeu-

D

ſes perſonnes, qui ſe ſçavent ſi
bon gré de tout ce qu'ils font &
de tout ce qu'ils diſent, & qui en
font ſi charmez qu'ils ne dai-
gnent pas écouter les autres, ni
les laiſſer parler; ces gens qui
ont tout vû, qui ſçavent tout, &
qui interrompent tous ceux qui
parlent , pour parler toûjours
d'eux-mêmes, ou de choſes qui
ont rapport à eux & à leur vanité, qui ſe donnent pour éxemple, & qui citent ce qu'ils ont dit,
ou ce qu'ils ont fait pour autho-
riſer ce qu'ils veulent faire croire.

Mais comme il ne ſuffit pas pour
plaire dans la converſation de remarquer tout ce qui peut y faire
réüſſir,&qu'il eſtencorenéceſſaire
d'obſerver les défauts qu'il y faut
éviter. Je crois qu'il eſt bon que
nous éxaminions ce qui fait que
l'on s'ennuïe avec tant de ſortes de gens , & je ſupplie M. le
Commandeur de nous dire ce

qu'il pense là-dessus.

Vous ne songez pas, Madame, à quoi vous m'exposez, répondit le Commandeur, les ennuïeux sont redoutables par leur grand nombre, & il faut être bien hardi pour oser les attaquer.

Cela est vrai, dit la Marquise, mais il y a cette commodité avec eux, qu'on peut les peindre en leur présence, sans qu'ils s'appliquent les portraits qu'on en fait, & tel est ennuïeux à la mort, qui croit être un homme fort agréable & fort divertissant.

Je vois bien, Madame, répondit le Commandeur, qu'il faut vous obéir en tout, mais ne souffrez pas que j'augmente le nombre des ennuïeux, en vous parlant de ceux qui le sont.

Vous ne courez aucun risque là-dessus, repliqua la Marquise, parce que vous ne dîtes précisément que ce qu'il faut dire sur chaque sujet, & vous n'êtes pas comme ces gens, qui aïant réüssi d'abord à plaire, deviennent ennuïeux & à charge, à force d'épuiser la matiere, & de ne sçavoir pas changer de sujets.

Vous venez de remarquer Madame, un des plus grands moïens de plaire dans la conversation, reprit le Commandeur, qui est l'art de la diversifier & de passer avec facilité d'un sujet à un autre, de n'en prendre, comme on dit, que la fleur & d'en ôter les épines, pour instruire en divertissant, au lieu d'ennuïer par de trop longs raisonnemens ausquels tombent souvent les gens sçavans, qui ignorent la Science du Monde, & cet art d'égaïer & d'orner les matieres qu'ils traitent. Il n'y en a point de si seiches qui ne puissent entrer dans une conversation agréable, lorsqu'elles sont mises en œuvre par

un bon ouvrier ; de même qu'un
habile Sculpteur fait des ouvrages exquis avec les matieres les
plus communes ; & par la raison
opposée, les Sujets les plus agréables & les plus rians deviennent
ennuïeux, lorfqu'ils font traitez
par ces froids & infipides Sçavans qui ne penfent point, &
dont tous les talens font bornez
à fçavoir ce que les autres ont
dit, fur tout ces outrés recher-
cheurs d'étimologies anciennes,
qui ne fe contentent pas de celles que l'ufage a reçûës, & qui
en font fouvent d'autres à leurs
fantaifies fur quelques fauffes ref-
femblances de fons, entre des
mots qu'ils n'ont jamais vûs, &
qui pour les établir font de longues differtations que le public
de bon goût rejette comme inutiles & ennuïeufes ; ainfi à moins
que ces prétendus Sçavans n'apprennent à nous raconter agréa-

D iij

blement des matieres auffi fteriles
& auffi peu neceffaires, nous les
mettrons à la tête des ennuïeux
dans la converfation, fi Madame
la Marquife le trouve bon.

J'y confens tres-volontiers répondit la Marquife, mais je vous
demande place après eux pour
ces mauvais railleurs, qui plai-
fantent fur toutes fortes de fujets,
& qui n'ont jamais parlé férieufement une fois en leur vie. Ces
fades difcours de fales équivoques & de quolibets plats & ufez,
qui rient tous feuls de ce qu'ils
difent, qui vous promettent qu'ils
vont bien vous faire rire, & qui
ne tiennent jamais cette pro-
meffe.

Permettez-moi encore, pourfuivit la Marquife, d'y ajoûter ces
ennemis déclarez de la vérité,
qui n'ouvrent jamais la bouche
que pour dire un menfonge ou
quelque cruelle médifance ; ces

hommes & ces femmes de la
Cour & de la Ville, qui roulent
de maisons en maisons, pour dire
aux uns ce qui se passe chez les
autres, & qui viennent vous détourner d'occupations sérieuses
ou agréables pour ne vous raconter que des fadaises.

Je voudrois bien aussi, reprit
le Duc, en s'adressant à la Marquise, vous demander place pour
ces continuels faiseurs de que-
stions, qui viennent vous interro-
ger sur des choses dont ils n'ont
que faire, & dont vous n'êtes
pas obligé de leur rendre com-
pte, qui veulent entrer dans le
détail de vos desseins & de vos
affaires les plus particulieres ;
ces éternels donneurs de conseils que vous ne leur demandez
pas, qui raisonnent continuelle-
ment sur les affaires d'autrui, &
qui conduisent si mal les leurs ;
ces gens ignorans & sans affaires

qui viennent vous accoſter & vous faire de longues viſites qui ſe paſſent à parler de la pluïe & du beau tems, qui laiſſent à tout moment tomber la converſation, parce qu'ils ne ſçavent que vous dire , qui vous communiquent leur ſterilité, & qui vous rédui-ſent vous-même à ne ſçavoir ſur quelle matiere les entretenir.

Ces faiſeurs de longs recits d'avantures , ou de choſes qui n'ont rien d'intereſſant ; qui ne ſe contentent pas de vous les ra-conter juſqu'aux moindres cir-conſtances , & qui les allongent encore par des digreſſions inuti-les, dont ils fatiguent & impa-tientent leurs Auditeurs.

Ces eſprits miſantropes qui blâment tout , qui ont fait vœu de ne trouver jamais rien à leur gré, qui augurent toûjours mal des affaires de l'état, qui ſoûtien-nent le parti de nos ennemis, &

font leur panégiriftes perpetuels,
qui affectent de diminuer leurs
pertes & nos avantages, qui prennent plaifir à débiter de méchan-
tes nouvelles, & à contredire les
bonnes.

Et moi, dit la Dame, je demande qu'on y mette ces efprits
mifterieux qui font des fecrets
des moindres chofes, qui vous
difent à l'oreille en revenant de
la Cour, qu'il y eft arrivé un Cou-
rier fans dire ce qu'il a apporté,
ou quelqu'autre nouvelle de cette importance, qu'ils ont dite à
vingt autres perfonnes avant vous
avec le même miftere, & qui par
certains fignes & par des airs importans, veulent perfuader qu'ils
ont part aux plus grands fecrets
de l'Etat.

Tous ces gens-là, reprit le
Commandeur, font ennuïeux
nez, & ils n'ont pas befoin que
nous leur en accordions de nou-

veaux titres ; ils me font fouvenir
de l'ennui que m'a caufé il y a
quelques jours un de ces politi-
ques déterminez , qui épuifent
leurs raifonnemens & nôtre patience fur les affaires étrangeres,
dont ils font d'ordinaire fort mal
inftruits : encore s'ils avoient
voïagé , je leur pardonnerois,
parce qu'ils pourroient nous apprendre beaucoup de circonftan-
ces curieufes des mœurs & des
manieres de vivre des païs qu'ils
auroient vûs ; mais celui dont je
veux parler, n'a jamais forti du
reffort du Parlement de Paris,
cependant il décida de la fortune
de tous les Etats de l'Europe,
comme fi elle étoit entre fes
mains : & comme il eft homme
confidérable, je me trouvai enga-
gé à effuïer fes mauvais raifonnemens fondé fur la foi des gazettes
étrangeres , & de quelques li-
belles qui viennent de chez nos

ennemis, ou de chez nos en.
vieux, dont il a toûjours grand
soin de se pourvoir ; il se mit
ensuite sur les loüanges de ces
Ecrivains ignorans, & de ces plu-
mes vénales qui donnent droit
de Bourgeoisie dans leurs écrits
à toutes les sottises qui se débitent dans les basses Cours & dans
les Places publiques. Il admira
leurs fades plaisanteries & leur
faux raisonnemens sur des faits
souvent supposez ou alterez ; &
après m'avoir accablé d'ennui,
il alla chercher d'autres gens à
ennuïer.

J'aimerois encóre mieux, dit
la Marquise, ces gens curieux de
nouvelles étrangeres, & qui aiment à s'entretenir des affaires
publiques, que ceux qui ne nous
entretiennent que de leurs propres affaires, sur tout ceux qui
viennent conter leur ennuïeux
procès. J'essuïai il n'y a pas long-

temps un pareil récit de M. le Comte De .... il se plaignit à moi de l'injustice & de la dureté de ses Juges ; il me dit que son Rapporteur s'est laissé corrompre par les charmes d'une Dame qu'il me nomma, qui le sollicite contre lui ; il me parla *d'évocation*, *de Requête civile*, *de Relief d'appel*, *de Lettres royaux* & d'autres termes barbares, qui effarouchent tous ceux qui n'ont pas comme lui le malheur d'être obligez à les entendre, il m'accabla de raisons & de passages de Droit & de Coûtume pour me prouver qu'il n'y a rien de plus juste que son affaire, & il plaida impitoïablement toute sa cause devant moi, sans considerer que je n'en étois pas le Juge.

Il est vrai, dit le Commandeur, qu'il y a beaucoup de gens dont la conversation est pesante, ce qui vient d'ordinaire du mauvais choix qu'ils font de fujets qui n'intereffent point ceux avec qui ils s'entretiennent , & ne font propres ni à les inftruire ni à les divertir, qui font les deux fins principales que tous les hommes raifonnables doivent fe propofer dans tous leurs entretiens. Il ne faut pas parler, pour parler comme ces difeurs de rien , dont toutes les paroles ne font aucun effet à l'efprit, qui les rejette comme fteriles & vuides de fens & de chofes, & qui caufent néceffairement de l'ennui ; car les hommes étant nez avec la faculté de raifonner fur les divers fujets qui leur font prefentez, cherchent à exercer ce don qu'ils ont reçû du Ciel ; & comme ils font curieux d'apprendre , il cherchent à acquerir de nouvelles connoiffances par là converfation de ceux qui les entretiennent. Mais il faut avoir l'art de les mettre fur des matieres qui leur plaifent & qui foient à leur portée, fans quoi l'homme le plus habile court rifque de les en-nuïer.

J'ai remarqué, pourfuivit le Commandeur, qu'un homme d'efprit & de mérite peut quel-quefois être ennuïeux à certaines Compagnies aufquelles il ne con-vient pas, comme font celles de jeunes gens débauchez & liber-tins, parce qu'il les contraint & ne les entretient pas de chofes qui foient de leur goût; mais il fçait alors prendre le bon parti, qui eft de lier commerce avec d'autres gens qui lui conviennent & aufquels il convient, au lieu d'entreprendre inutilement de faire l'agréable & le bon com-pagnon avec ceux qui ne font pas difpofez à le bien recevoir, & dont l'eftime ne mérite pas d'ordinaire qu'il fe contraigne

pour l'acquerir. Ainſi un homme
naturellement fort éclairé ſçait
ſe conduire ſelon les tems , les
lieux & les perſonnes avec qui il
ſe trouve, pour n'être jamais à
charge ni incommode à qui que
ce ſoit.

Il n'en eſt pas de même, continua le Commandeur, de toutes
ces differentes ſortes d'ennuïeux
que nous venons d'éxaminer, &
de beaucoup d'autres eſpeces,
parce que ce ſont des gens, ou
qui manquent de lumieres naturelles, ou qui ſont aveuglés par
la fauſſe opinion qu'ils ont de
leur mérite & de leurs agrémens,
ou entêtez de leur qualité, qui
leur perſuade fauſſement qu'on
doit toûjours leur applaudir, &
c'eſt un malheur d'avoir à ſup-
porter le poids de la converſation de tous ces ennuïeux, lorſque la bienſéance ne nous permet pas de nous en délivrer.

Mais, reprit la Marquiſe, il eſt bon d'éxaminer juſqu'où doit aller cette bienſéance, & ſi elle nous doit rendre eſclaves de tous les impertinens que nous trouvons en nôtre chemin, car je crois qu'elle a ſes bornes.

CHAPITRE VII.

Des bienſéances.

SAns doute, répondit le Commandeur, mais le païs des bienſéances (s'il m'eſt permis d'uſer de ce mot) eſt un païs d'une vaſte étenduë.

Je ſupplie M. le Commandeur, repliqua la Marquiſe, que nous y puiſſions faire un voïage en ſa compagnie : car il me ſemble qu'il y a beaucoup de découverte à y faire pour régler nôtre conduite dans les actions ordinaires de nôtre vie.

Il eſt vrai, répondit le Commandeur, que les bienséances qui s'observent parmi les honnêtes gens, font une partie considérable de la Science du Monde, & de la maniere de bien vivre ; ce font des Loix non écrites qui fe font établies par un long ufage, & par le confentement unanime des hommes polis, qui ont attaché un fujet de blâme ou un ridicule à ceux qui y manquent ; mais comme le nombre de ces bienféances eft prefque infini, il feroit affés difficile de donner des regles certaines là-deffus.

Il y a, pourfuivit le Commandeur, des bienféances generales qui conviennent à toutes les focietés & à toutes fortes de conditions ; il y en a de particulieres qui dépendent de la difference des Coutumes & des mœurs de chaque Nation, de celle des conditions, & des pro-

feſſions, des ſexes & des âges, &
qui deviendroient ridicules ſi
elles étoient tranſpoſées. Il y en
a qui doivent leur établiſſement
à la raiſon, à la diſcretion, à
l'honnêteté, à la pudeur, à la
modeſtie & à d'autres vertus : il
y en a qui dépendent purement
du caprice de l'uſage & qui ont
rapport aux perſonnes, aux tems,
aux lieux & aux occaſions ; il eſt
neceſſaire de ſçavoir principalement celles qui ſont pratiquées
dans les ſocietez où nous vivons,
& qui ſervent à former un caractere d'honnêteté & de politeſſe,
qu'il faut que chacun tâche d'acquerir dans toutes les conditions
de la vie.

Voilà, dit le Duc, un beau
plan de toutes les differentes
bienſéances, mais il ſeroit à ſouhaiter que M. le Commandeur
entrât dans un plus grand détail,
en nous citant quelques exem.

ples de celles qui font generales,
& qui conviennent à tous les
hommes, & des bienféances particulieres qui ne conviennent
qu'à certaines gens & dans certains païs.

Puifque vous en voulez des
éxemples, répondit le Commandeur, je commencerai par répondre à ce que Madame la Marquife m'a demandé à l'égard de
ceux qui nous ennuïent.

C'eft une bienféance univerfellement reçûë de vivre honnê-
tement avec tout le monde, &
de répondre à toutes les civilitez
qu'on nous fait ; ainfi lorfque
quelque homme enuïeux nous
entretient, la bienféance ne nous
permet pas de lui faire connoître qu'il nous ennuïe, joint que
la charité nous défend de mor-
tifier nôtre prochain.

Cela eft vrai, dit la Marquife,
mais ce prochain-là fe trouve

quelque fois, si fatiguant, qu'il
nous met hors d'état d'observer
cette bienséance. Je connois par
exemple, un homme de la Cour
avec qui on ne peut presque pas
s'entretenir, qu'il ne nous jette
sur les Genéalogies, afin d'avoir
occasion de parler de la sienne ;
& il ne finit point quand il est
une fois en train de parler de
ses aïeuls, qui ne lui sont peut-
être rien.

Il étoit l'autre jour au milieu
de plusieurs femmes chez Madame de .... où je me trouvai
pour mes péchez ; il nous dit que
Gaultier de .... dont il a résolu
de descendre fut tué en une ba-
taille, que ce *Gaultier* eut trois
fils, dont l'un s'appelloit *Jean*,
l'autre *Alain*, l'autre *George*, que
celui-là fut le chef du nom &
d'armes, celui-ci fit la branche
de ... cet autre celle de ... il
nous fit ensuite le détail de tous

leurs defcendans, de leurs emplois, de leurs mariages, & d'autres chofes auffi peu divertif-
fantes que celles-là ; il fe jetta
après cela fur le blazon dont il
fçait le jargon fur le bout du
doigt, & qu'il regarde comme
la premiere & la plus neceffaire
de toutes les Sciences ; il nous
parla de *timbres*, de *heaumes*, de
cimiers, de *trefcheur*, *d'orle*, de
macles & d'autres termes barbares, qui femblent être faits ex-
près pour ennuïer des femmes,
qui n'ont pas le même entêtement que lui là-deffus.

Les Dames, répondit le Commandeur, ont des privileges que
les hommes n'ont pas ; elles peuvent régler aux hommes la matiere de leurs converfations fans
pécher contre la bienféance.

Oüi aux hommes polis com-
me vous, repliqua la Marquife,
& dans des tems plus heureux

que celui où nous sommes, mais
à present il nous faut essuïer bien
d'autres sujets d'ennui que ceux
d'entendre parler de blazon &
de généalogie, & la plûpart des
jeunes gens nous tiennent d'autres discours, où les bienséances sont encore bien moins ob-
servées.

Cependant, Madame, répon-
dit le Commandeur, il n'y en a
gueres de plus necessaires que
celles qui regardent le respect
& la complaisance qui est dûë
aux Dames, & les hommes qui
sont assés grossiers pour y manquer, sont d'ordinaire peu exacts
à observer les autres bienséances:
car il n'y a point de pouvoir qui
se fasse respecter plus facilement
que celui de la beauté.

Cela a peut-être été ainsi autrefois, reprit la Marquise, mais il
y a presentement une puissance
plus respectée. C'est celle du cre-

dit ou de la faveur, & quiconque
eſt capable d'en donner des preu-
ves , eſt ſûr de faire obſerver
toutes les bienſéances à ſon é-
gard.

Il y a, reprit le Commandeur,
une bienſéance génerale qui me
paroît fort utile & fort ſûre pour
bien vivre avec tout le monde.
C'eſt de nous ſervir toûjours de
termes humbles & modeſtes en
parlant de nous même , & d'é-
lever ceux à qui nous parlons ;
il faut pour cela nous accoûtumer à parler à nos égaux comme
s'ils étoient nos ſuperieurs ; & à
nos inferieurs , comme s'ils
étoient nos égaux. Si nous crai-
gnons de nous avilir par cette
conduite, c'eſt nôtre orgüeil qui
nous ſéduit ; car l'homme humble & modeſte s'éleve eſſentiel-
lement lorſqu'il s'abaiſſe , & c'eſt
le propre des vertus de ſe faire
reſpecter de ceux même qui ne

les poſſedent pas.

Cette obſervation me paroît tres-juſte, reprit le Duc, & pour la mettre en pratique, il me ſemble qu'il eſt neceſſaire de bien ſçavoir certaines differences qui ſe trouvent entre des façons de parler qui ſignifient la même choſe ; & que les gens du commun confondent d'ordinaire, pendant que les gens du monde mieux inſtruits des bienſéances qui s'y obſervent, les ſçavent diſtinguer.

L'on dit, par éxemple, pour exprimer la même choſe. *J'eſtois avec M. un tel, nous étions enſemble, & il étoit avec moi ;* la premiere de ces trois expreſſions, marque que celui qui s'en ſert ſe met au deſſous de celui dont il parle ; la ſeconde, qu'il s'égale à lui ; & la troiſiéme, qu'il ſe met au deſſus de lui. Il y a quantité de gens qui emploïent mal
ces

ces differentes façons de parler ;
les uns par un mauvais orgüeil,
& les autres pour n'en sçavoir
pas la différence. J'en connois à
la Cour, qui parlant d'un homme qui leur est superieur en naiffance & en dignité, diront que
cet homme étoit avec eux : il
faut en ce cas distinguer le plus
élevé, & dire que M. le Comte
De . . . & M. le Marquis De . . .
étoient avec M. le Prince, ou
avec M. le Duc De . . . ou du
moins dire que M. le Prince
De . . . étoit accompagné de
M. le Comte De . . . & de M.
le Marquis De . . .

Les Espagnols, reprit le Commandeur, font délicats & at-
tentifs fur ces fortes de differences, même entre ceux qui ont
les mêmes dignitez, comme il
y a chez eux des Grands de differentes Claffes: Ceux de la premiere & des principales Maifons

E

tâchent à se distinguer par la difference des traitemens ; cela me
fait souvenir , que m'étant trouvé au cours de Madrid avec un
Grand de la premiere Classe, un
autre Grand de la Seconde, lui
dit en passant devant la portiere
de son carosse, *je baise les mains
à vôtre Excellence* ; A quoi il lui
répondit, *je baise les mains à vôtre Seigneurie*, qui est un titre
moindre que celui d'excellence.
Cet autre Grand picqué de cette
réponse, repassant devant nôtre
carosse au second tour du Cours,
dit à celui avec qui j'étois, qu'il
baisoit les mains a sa *Seigneurie*,
à quoi le Grand de la premiere
Classe lui repartit, qu'il baisoit
les mains à *son Excellence*, ce qui
m'aïant surpris, je lui deman-
dai pourquoi il traitoit ce Grand
d'Excellence, lorsqu'il n'en étoit
traité que de *Seigneurie*, & pourquoi il ne lui avoit donné que

de *la Seigneurie*, lorsque le même Grand lui avoit donné de
l'Excellence : le Grand de la premiere Claſſe me répondit à cela,
tout va bien pourvû que nous ne
ſoïons point égaux.

Cette réponſe, dit le Duc,
eſt un rafinement de l'orgüeil
Eſpagnol qui eſt contraire à la
politeſſe que nous voulons établir parmi nous ; mais pour revenir à nos manieres , on dit
fort bien d'un égal , & même
d'un Superieur, *il eſt de mes amis* :
mais quand on dit à un égal,
je ſuis de vos amis ou vôtre ami ,
la bienſéance veut qu'on y ad-
joûte *& vôtre ſerviteur*, & cet
adouciſſement y eſt néceſſaire,
afin de ne pas marquer de la ſu-
periorité & de la hauteur en celui qui ſe ſert de cet expreſſion,
quand même elle ſeroit autho-
riſée par une grande familiarité
avec celui à qui elle s'adreſſe.

Tout cela eft tres-bien remarqué, reprit le Commandeur, & c'eft une bienféance generalement reçûë & eftimée chez toutes les Nations policées, que de parler toûjours modeftement de foi-même , & avantageufement d'autrui : on peut la comparer à ces monnoïes d'or pur, qui confervent leur prix dans toutes fortes de Païs, fans avoir égard à l'empreinte qu'elles portent; ainfi l'on eft toûjours fûr d'être bien reçû par tout, & de plaire en toutes fortes de Langues, en obfervant cette bienféance.

A l'égard des bienféances particulieres qui font attachées à chaque condition & à chaque profeffion, aux differens âges & aux differens fexes, ainfi qu'aux occafions, aux tems & aux lieux où l'on fe trouve. J'ai déja dit qu'elles font en fi grand nombre, qu'il n'eft pas poffible d'en don-

ner des regles certaines. J'y ajoû-
terai seulement qu'il y en a de
deux sortes ; les unes necessaires,
les autres arbitraires, & qui sont
differentes dans chaque Païs.

On peut mettre entre les bienséances necessaires l'humilité &
la modestie qui doivent regner,
non-seulement dans les actions,
mais encore dans les discours des
Ecclesiastiques, préferablement
à ceux des autres professions ;
parce qu'outre que ce sont des
devoirs particulierement attachez à leur état, ils sont obligez
d'en donner l'éxemple aux autres conditions ; & c'est cette obligation qui fait qu'il n'y a rien de
plus indécent que des discours
vains & plains d'ostentation dans
la bouche d'un Religieux, d'un
Prêtre ou d'un Prélat.

Je supplie M. le Commandeur,
dit la Marquise, de nous citer
quelques bienséances qui con-

viennent particulierement aux
femmes.

Je vous ai déja dit, Madame,
repliqua le Commandeur, que je
ne ſçai point de meilleures regles
à leur propoſer, que de ſuivre
vôtre exemple. Vous jugez ſai-
nement ſur tous les ſujets qui ſe
préſentent ſans vous picquer de
rien ſçavoir, & vous êtes toûjours
prête à déferer aux ſentimens
d'autrui, nonobſtant la juſteſſe &
la délicateſſe des vôtres. Rien
n'eſt plus ſéant à une jeune belle
& aimable Dame qu'une telle
conduite ; & rien au contraire
n'eſt plus oppoſé à la bienſéance
que de voir une femme qui dé-
cide ſur tout ce qu'elle ne ſçait
pas.

La Dame du logis ſe ſentit
picquée de cette obſervation,
parce qu'elle décidoit volontiers
ſur toutes ſortes de ſujets, &
elle ſouffroit impatiemment les

loüanges que le Commandeur
donnoit souvent à la Marquise.

Mais mon cher cousin, lui dit-
elle, ne semble-t-il pas à vous
entendre, qu'il n'y ait que les femmes qui manquent à cette bienséance ; & que la plûpart des
hommes n'aïent pas la même té-
merité de décider sur ce qu'ils
ne sçavent point; ainsi cet éxemple que vous venez de nous citer
ne sert qu'à nous faire connoître
l'empressement que vous avez de
dire des douceurs à Madame la
Marquise, au lieu de satisfaire à
la priere qu'elle vous a faite de
nous citer quelques bienséances,
qui soient particulierement attachées à la condition des femmes.

J'avoüe Madame, répondit, le
Commandeur, que la bienséance
qui défend de décider mal à propos, est commune aux hommes
& aux femmes, & que les pre-

miers y manquent auſſi ſouvent
que les dernieres ; mais comme
les femmes étudient rarement &
ne ſe picquent pas d'être ſçavan-
tes, ou du moins ne doivent pas
s'en picquer, il faut qu'elles ſoient
encore plus reſervées & plus é-
xactes que les hommes à obſerver cette bienſéance.

Et pour continuer à vous donner des éxemples de quelques
bienſéances qui ſont particulierement attachées à la condition
des femmes, je vous dirai que
l'une des plus néceſſaires à leur
état, eſt de ne ſortir jamais des
bornes que la pudeur doit preſ-
crire à leurs converſations, & de
ne ſe point licentier, non-ſeulement à uſer de façons de parler
trop libres, mais encore de ne
point ſouffrir qu'on s'en ſerve en
leur préſence.

Il me ſemble mon cher couſin,
reprit la Dame, que *vous nous*

mettez, comme on dit, le *Carême bien haut*, & qu'une honnête femme qui n'a rien à se reprocher dans sa conduite, peut bien entendre raillerie sur certains discours un peu égaïés qui entrent souvent dans la conversation des gens du monde, sans pêcher en cela contre la bienséance, & sans qu'elles soient obligées de se gendarmer contre ceux qui s'en servent.

Je crois comme vous, Madame; répondit le Commandeur, qu'elle peut entendre raillerie jusqu'à un certain point, pourvû que ce qu'on lui dit se puisse expliquer d'une maniere honnête, & qu'elle ne dise ni ne souffre aucuns termes qui puissent chocquer les oreilles chastes & délicates, avec ces conditions, non seulement je consens qu'elle souffre les railleries fines & l'agréable badinage dont on peut user dans le dis

E v

cours en fa préfence, mais même
je le lui confeille, & cela me paroît
préferable à la féverité affectée
de ces prudes de mauvaife humeur, qui aïant perdu les agrémens & la gaïeté de la jeunefle
ne peuvent fouffrir une converfation enjoüée, & donnent des
explications criminelles aux difcours les plus innocens. Il n'y a
gueres de chofes que l'on ne puiffe dire devant une honnête femme, fans que la bienféance l'o-
blige à s'en fâcher. Cela dépend
du choix des termes & du tour
que l'on donne aux chofes que
l'on veut exprimer, & ce bon
choix & ce tour délicat forment
l'une des bienféances les plus néceffaires à obferver dans les converfations des Dames, qui ne peuvent pas toûjours être graves &
férieufes comme celles de nos
docteurs.

CHAPITRE VIII.

De quelques bienséances attachés
à des Coûtumes particulieres à
de certains Païs.

ON ne peut, dit le Duc,
mieux expliquer ces bien-
séances ; mais comme outre les
nécessaires il y en a que M. le
le Commandeur appelle arbitraires, parce qu'elles dépendent des
differentes Coûtumes des Païs où
l'on se trouve , & que celles
qui s'observent dans les diverses
Cours de l'Europe lui sont connuës ; je crois que les Dames
trouveront bon que je lui demande quelques éxemples de celles
qui y sont differentes des nôtres.

Il y a, reprit le Commandeur,
dans la plûpart des Cours de
l'Europe un même esprit de politesse répandu parmi les princi-

paux sujets qui les composent, les mêmes égards, la même attention, & le même empressement de plaire à ceux qui y sont en credit ; ainsi les bienséances n'y sont pas si differentes que l'on pense dans les choses essentielles, & ces differences ne se trouvent qu'en certaines coûtumes exterieures comme sont les manieres de s'habiller ; les diverses céré-monies, & les differentes marques de respect & de civilité que l'on s'y rend.

Mais comme cela nous engageroit dans un trop long détail, je vous en citerai seulement quelques éxemples differens de ce qui se pratique parmi nous & chez quelques-uns de nos voisins.

Quand le feu Roy commandoit ses armées en personne, il y faisoit manger les principaux Officiers de ses troupes à sa

Table dans ſes Camps, & ils y
étoient couverts devant lui, &
nulle part ailleurs ; ils en uſoient
de même quand ils mangeoient
avec nos Princes & avec nos Generaux.

En Allemagne, & dans les
Roïaumes du Nord, c'eſt une marque de reſpect d'avoir la tête nuë à
la Table des Princes durant tout
le repas ; les Officiers ſubalternes
en uſent ainſi avec leurs Generaux, & ce ſeroit manquer à ce
qui leur eſt dû, que de s'y couvrir à la Table d'un Prince ou
de quelqu'autre perſonne d'un
grand rang.

En Italie quand on mange
avec un Cardinal, la bienſéance
veut qu'on ne demande à boire
qu'après que le Cardinal a bû
la premiere fois ; en France on
demande à boire quand on
veut.

En Allemagne & dans les

Roïaumes du Nord, c'eſt une civilité & une bienſéance pour un
Prince de boire le premier à la
ſanté de celui ou de ceux qu'il
traite, & de leur faire preſenter
enſuite le même verre ou le
même gobelet rempli d'ordinaire de même vin ; & ce n'eſt
point parmi eux un manque de
politeſſe de boire dans le même
verre, mais une marque de fran-
chiſe & d'amitié ; les femmes
boivent auſſi les premieres, &
donnent enſuite, ou font porter
leur verre avec le même vin dont
elles ont bû à la ſanté de celui à
qui elles ſe font adreſſées, ſans
que cela paſſe pour une faveur
particuliere comme parmi nous.

Quand quelque perſonne conſidérable a réſolu de ſe faire ſei-
gner, on en avertit auparavant
ſes parens & ſes amis ; & c'eſt
une bienſéance établie en ces
païs-là, que chacun lui envoïe

n'eſt pas
vrai.

le jour de la feignée un prefent
de quelque bijou pour le rejoüir :
on s'y fait auffi réciproquement
des prefens, non-feulement pour
les étrennes, mais encore le jour
de la fête du Saint dont on porte
le nom, & le jour de la naiffance
de chaque perfonne confiderable ; & la bienféance veut qu'on
fe pare extraordinairement des
plus riches habits que l'on ait,
le jour de la naiffance du Souverain, ou de la Souveraine, ce
qui eft une coûtume que l'on a
prife de la Cour d'Efpagne, &
c'èft ce qu'on y apelle être vêtu
de Gala, ce qui ne s'èft point introduit parmi nous, quoique
cètte coûtume foit reçüe dans
plufieurs autres Cours de l'Europe & fur tout dans celle de
l'Empereur & des principaux
Princes d'Italie.

L'on y fait même des réjoüif-
fances ce jour-là, & le Prince y

reçoit les complimens des premiers de fa Cour & de tous les
Miniſtres étrangers qui ſe trouvent auprès de lui.

En Italie, à la Cour de l'Empereur & en pluſieurs autres Cours,
la bienſéance veut, qu'aux principales Fêtes de l'année on ſe
faſſe des complimens, qui conſi-
ſtent en de nouvelles proteſta-
tions de ſervices & d'amitié re-
ciproques, & à s'entreſouhaiter
des ſuccès heureux ; & on écrit
quelques jours avant les fêtes
de Noël les mêmes complimens,
par des Lettres que l'on appelle
de bonnes Fêtes aux principaux
amis & aux protecteurs abſens,
& même aux Souverains ; les
Princes d'Italie, les Cardinaux &
les autres perſonnes qualifiées
de ce païs-là ſont reguliers à y
répondre en des termes fort ci-
vils : il n'y a point de Nation plus
éxacte à obſerver toutes les bien-

séances, ni de gens qui sçachent mieux vivre que les Italiens ; ils ont de grands égards & vivent d'une maniere polie & respe-ctueuse les uns avec les autres, mais aussi il n'y a point de Nation plus délicate & plus sensible aux injures & aux incivilités, ni mê-me aux irregularités, & aux ob-missions.

Quoique je n'aime pas les cé-rémonies Italiennes, reprit le Duc, parce qu'elles ont quelque chose de trop génant ; j'approuve celle d'écrire de tems en tems aux Souverains & aux autres per-sonnes considérables pour les-quelles on a de l'attachement, parce que ce commerce attire de nouveaux témoignages de leur estime & de leur amitié.

Pour moi, dit la Dame, j'ai-merois mieux que nous imitas-sions la bienséance qui se pra-tique en Allemagne & dans les

Roïaumes du Nort de se faire souvent de petits presens; cela a un air de politesse & de magnificence qui entretient l'amitié & la societé; un tableau, un bijou, une bagatelle donnée bien à propos réjouit celui qui la reçoit, & il y a un double plaisir à faire des presens, & à en recevoir avec bienséance.

Je n'approuve point, dit le Duc, la contrainte que causent les Cardinaux Italiens à ceux qui mangent avec eux, de n'oser boire qu'après qu'ils ont bû le premier coup.

Et je ne sçaurois approuver, reprit la Marquise, n'en déplaise à Messieurs les Gens du Nort; cette maniere de boire dans le même verre, & moins encore sur le reste des Dames, cela a un air de malpropreté, qui me feroit souhaiter qu'ils témoignassent leur franchise par d'autres marques.

Je voudrois auffi retrancher
cette coûtume qu'ils ont introduite de demeurer la tête nuë,
quelque froid qu'il faffe en man-
geant avec leurs Generaux ou
avec leurs Princes.

Mais il me femble, pourfuivit
la Marquife, que les Princes
n'ont pas bien entendu leurs interêts, lorfqu'ils ont attaché les
marques de refpect qu'on leur
rend à incommoder leur courtifans; car on leur rendroit bien
plus volontiers ces refpects s'ils
les faifoient compâtir avec la
commodité de ceux qui leur font
la Cour, & ce feroit la même
chofe à leur égard, dés qu'ils
auroient déclaré que c'eft une
marque de refpect de fe couvrir
devant eux, puifque c'eft une
chofe indifférente en elle-même
d'être couvert ou découvert, &
qu'il n'y a que l'opinion qu'on y
attache qui en fait toute la dif-

férence ; ce qu'il eſt aiſé de prouver par l'éxemple des Turcs,
qui n'ôtent jamais leur turban
de-deſſus leurs têtes devant leurs
Sultans ou Empereurs ; & cependant on ne peut pas dire qu'ils
ſoient ſervis avec moins de reſpect que nos Princes.

Je promets donc, pourſuivit
la Marquiſe en ſoûriant, que ſi
je deviens quelque jour Souveraine, j'établirai dans ma Cour,
que ce ſera une incivilité aux
hommes de manger découverts
à ma table en ma préſence quand
il fera froid, & que ce ſera une
autre incivilité de mettre leurs
chapeaux ſur leurs têtes quand
ils y mangeront durant les grandes chaleurs ; que j'ordonnerai
par Edit à toutes les femmes qui
viendront me faire la Cour,
qu'elles ſeront obligées de s'aſ-
ſeoir dans des chaiſes à bras bien
garnies, tant au cercle qu'à ma

toilette, sur peine à celles qui
voudront demeurer debout en
me parlant, lorsque je serai
assise, d'être déclarées inciviles,
& ne sçachant pas vivre, & que
je ferai brûler tous les tabourets,
sieges pleïans & autres inventions de l'orgüeil & de la vanité
des femmes, comme chose préjudiciables à la societé.

Ces ordonnances de la Marquise réjoüirent le Commandeur:
si vous faisiés bien des Loix de
cette nature, lui répondit-il; vous
réüssiriés bientôt à étendre vôtre empire, & l'on viendroit en
foule augmenter le nombre de
vos sujets: car il n'y a point de
puissance plus naturelle ni plus
solidement établie que celle qui
est fondée sur le bonheur & la
commodité des peuples qui y
sont soumis, parce qu'ils sont
tous interessés à la maintenir.

Cette réfléxion me paroît

digne de M. le Commandeur, reprit la Marquife, ainfi que toutes les autres obfervations qu'il nous a faites fur les bienféances, & fur les moïens de plaire dans la converfation & de bien vivre avec tout le monde ; je lui en fuis fenfiblement obligée & je tâcherai d'en faire mon profit.

Souvenés-vous, s'il vous plaît, Madame, répondit le Commandeur, que je n'ai pas prétendu vous rien apprendre de nouveau là-deſſus, que je fuis perfuadé qu'un efprit naturellement auſſi éclairé que le vôtre vous a dit avant moi tout ce que l'on pourroit vous dire de meilleur, & que je n'ai en cela d'autre mérite que celui de vous obéïr toûjours avec plaifir.

Quoique ces obfervations foient connuës, dit le Duc, elles ne laiffent pas d'être fort utiles parce qu'elles renouvellent nôtre

attention fur les moïens de nous
bien conduire; & l'on ne fçauroit
affés remercier ceux qui nous
donnent des regles là-deffus; car
il nous en refte toûjours quelque
impreffion qui nous eft bien plus
profitable, que quantité de fcien-
ces vaines qu'on nous apprend
avec tant de foins; & nous ne
faurions affés regretter tout le
temps qu'on nous y fait perdre
pendant qu'on néglige de nous
inftruire de nos devoirs, de nous
faire connoître nos défauts,& de
nous donner les moïens de nous
en corriger : mais comme M. le
Commandeur nous a dit, que
pour bien vivre avec les hommes, il y a deux chofes principales à éxaminer : qui font, la
conduite exterieure, & le procedé effentiel, & qu'il ne nous
a encore entretenus que de la
premiere. Je fupplie Madame
la Marquife, d'emploïer le cré-

dit qu'elle a auprès de lui pour l'obliger à nous expliquer en quoi il fait confister , principalement ce procedé effentiel , qui peut nous rendre utiles & agréables dans la societé où nous vivons.

DE

DE LA
SCIENCE
DU MONDE

ET

DES CONNOISSANCES UTILES

A LA CONDUITE DE LA VIE.

SECONDE CONVERSATION.

CHAPITRE I.

Du procedé essentiel, en quoi il con-
siste. De l'amour de l'ordre & de
ses effets. Effets d'une conduite
irreguliere.

E procedé essentiel qui
nous rend dignes de
l'estime & de l'amitié
des hommes, continua
le Commandeur, consiste à ob-

F

ferver une conduite toûjours conforme à l'amour de l'ordre, toûjours réguliere, juſte, bienfaiſante & vraïe dans toutes les actions de nôtre vie.

L'amour de l'ordre eſt la premiere de ces qualitez, parce qu'elle eſt le fondement de toutes les Vertus néceſſaires à la ſocieté.

Celui qui aime l'ordre & qui l'obſerve dans ſa conduite, imite celle de Dieu qui a attaché un ordre immuable à toûs ſes ouvrages; & cet ordre que nous y voïons eſt une marque infaillible de la Providence d'un Eſtre infiniment ſage & infiniment bon.

L'homme reglé dans ſa conduite ſatisfait aux devoirs de l'état où cette même Providence l'a mis; ſi elle l'a deſtiné à commander aux autres hommes, il s'applique à pourvoir à leur ſûreté & à leurs beſoins, à les faire

vivre juftement, fagement & heureufement par l'obfervation des
Loix aufquelles il eft le premier
à fe foumettre : il foûtient le foible contre l'oppreffion & la vio-
lence du plus Puiffant, & il eft
regulier à obferver tous fes traitez publics & toutes fes promeffes
particulieres.

S'il eft né fujet d'un Prince
légitime, il eft toûjours prêt à
expofer fa vie & fon bien pour
s'oppofer aux efforts des ennemis
de fon Souverain, foit étrangers
ou domeftiques, & l'amour de
l'ordre, fait qu'il ne s'écarte jamais de la fidelité qu'il lui doit.

S'il eft né dans une République,
il a le même attachement & la
même fidelité à maintenir la forme du gouvernement & les Loix
qu'il y trouve établies ; il s'inté-
reffe à la profperité de l'Etat, dans
lequel Dieu l'a fait naître, & au
bonheur de tous fes compatrio-

tes; il le souhaite & il le procure autant qu'il est en son pouvoir; il désire de voir cesser les troubles, les démelez, & les guerres qui divisent les Nations, & de les voir réünies par un esprit de paix & de charité.

Il remplit non-seulement tous les devoirs de la societé civile, mais encore ceux qui sont attachez à la profession qu'il a choisie, & aux differens états de fortune où il se trouve; il ne cherche à s'élever au-dessus de sa condition que par les voïes justes & légitimes, & lorsqu'il y est appellé pour le bien public qu'il préfere toûjours à ses passions, à ses interêts & à son repos.

Les hommes qui sortent de cette regle, & qui se laissent entraîner par une ambition immoderée, se rendent nécessairement coupables de plusieurs crimes, parce qu'ils troublent l'ordre de la focieté & le repos de ceux qui la compofent, en emploïant de mauvais moïens pour s'élever par la deftruction d'autrui.

Puifque l'amour de l'ordre & le déreglement, reprit le Duc, font les fources de tant de biens & de tant de maux: je croi qu'il eft bon d'éxaminer plus en détail les bons & les mauvais effets qu'ils produifent dans la conduite ordinaire de nôtre vie.

Il eft certain, repliqua le Commandeur, que nous ne fommes plus ou moins eftimables qu'à proportion de la régularité de nôtre conduite; un homme reglé fe met en état de mener une vie tranquile, jufte, officieufe, & bienfaifante, & de fe rendre utile & agréable à ceux avec qui il eft en commerce.

Un homme déreglé dans fes mœurs & dans fa maniere de vivre, manque à la juftice, à

la charité, & aux autres devoirs
de fon état ; il n'a pas l'attention
neceffaire pour regler fes affaires
domeftiques, elles fe ruinent par
fes irrégularitez & fes foles dé-
penfes, il devient à charge à fes
amis par fes emprunts, & il fe
livre enfin à la tirannie des in-
juftés prêteurs qui achevent de
l'accabler.

Il y a, pourfuivit le Commandeur, une autre efpece d'ir-
regularité incommode & défagreable dans la conduite ordinaire de la vie, & qui eft affés
commune parmi les jeunes gens
de nôtre tems ; le grand attachement qu'ils ont à leurs plaifirs
les jette dans une diffipation, qui
leur fait manquer aux devoirs de
l'amitié & à ceux que l'honnêteté & la bienféance ont établis
parmi les hommes qui fçavent
vivre ; ils donnent des rendez-
vous à leurs amis & à ceux dont

ils ont befoin, & ils manquent à
s'y trouver quand il s'agit de
fatisfaire à leurs plaifirs; ils négligent de répondre aux Lettres
qu'on leurs écrit, ou ils ne ré-
pondent point au fait dont il
s'agit, ils promettent les offices
qu'on leur demande, & ils ne
tiennent point leurs promeffes,
ou ils remettent de jour en jour
à s'en acquitter, fans pouvoir
trouver le moment d'y fatisfaire,
jufqu'à ce qu'ils en aïent laiffé
perdre l'occafion, ce n'eft pas
que quelques uns d'entreux n'en
aïent quelque fois la volonté,
mais leurs inaplications & leurs
diffipations continuelles produifent le même effet, que s'ils man-
quoient de bonnes intentions.

Tous les hommes fe doivent
ces égards, & cette attention
reciproque de fatisfaire éxactement à leurs promeffes depuis
les plus grandes jufqu'aux plus

petites, parce qu'ils ne peuvent y manquer fans troubler l'ordre qui eft neceffaire pour rendre leur focieté utile & agréable.

Cela me fait fouvenir dit le Duc, d'un homme de la Cour fi irregulier fur ces fortes de devoirs, qu'après avoir prié inftamment des perfonnes de credit dont il avoit befoin, de venir dîner chez lui, il alloit dîner chez le premier qui l'invitoit, & il oublioit ceux qu'il avoit invitez, qui ne trouvoient ni le maître de la maifon, ni le dîner: cependant comme il étoit agréable & de bonne compagnie, on lui pardonnoit fes négligences & toutes les autres irrégularitez qu'il avoit fur ces propres affaires & fur celles d'autrui.

Il n'en auroit pas eu fur les miennes, répondit le Commandeur, car je me ferois bien gardé de lui en confier aucune, & le plus fûr eft de ne point compter

fur des gens de ce caractere, &
de n'en faire aucun autre ufage;
que celui que l'on fait des finges,
qui ne font propres qu'à faire
des gambades pour nous divertir.

Ce feroit une grande fageſſe,
reprit la Marquiſe, ſi on fçavoit
n'emploïer chaques perfonnes
qu'aux choſes où elles font propres, & ne pas attendre de chacun plus qu'il ne peut tenir, mais
il eſt difficile quand on voit certaines gens, qui ont la figure humaine, qui parlent & qui raiſon-
nent comme les autres hommes,
de ne pas croire qu'ils foient propres à quelque choſe, & qu'on
peut en faire ufage dans les befoins de la vie ; cependant il eſt
certain qu'il y a beaucoup de ces
gens frivoles & agréables, qui
n'aïant aucune regle pour eux-
mêmes, font incapables d'en obferver pour les autres.

F v

C'eſt Madame, reprit le Commandeur, qu'on n'a pas eu aſſés de ſoin de les inſtruire de leurs devoirs à cet égard, & du grand intérêt qu'ils ont a y ſatisfaire : il n'y en a gueres qui ne travaillaſſent à ſe rendre utiles s'ils étoient bien perſuadez que les hommes ne ſont plus ou moins eſtimez & conſiderez des autres hommes, qu'autant qu'ils leur ſont propres à quelque choſe ; que c'eſt la meſure la plus ordinaire ſur laquelle ils jugent de leur mérite, de leur ſçavoir, de leur capacité, & de toutes leurs bonnes qualitez, & que les gens inutiles aux autres par leur négligence & leur inapplication, peuvent être comparés à cet arbre de l'écriture, qu'il faut arracher parce qu'il ne produit point de fruit.

CHAPITRE II.

De la Justice & de ses differens usages. Des conquestes justes & de celles qui ne le sont pas. Jugement des Conquestes de Cesar & de celles d'Alexandre. Source des faux jugemens des hommes toûchant les Conquerans. En quoi consiste la véritable gloire des Grands hommes.

CEtte négligence est d'autant plus blâmable, continua le Commandeur, que les hommes aïant besoin de societé pour s'entresoulager dans toutes leurs infirmitez & dans tous leurs besoins; & pour vivre commodément & agréablement, ils doivent tous concourir au bien de cette societé, dont ils sont les membres & dont ils reçoivent le fruit; & c'est par cette raison

F vj

que tout bon Citoyen est obligé
de contribuer à la défense & à
la sûreté de l'état, qui établit sa
sûreté particuliere, & qui le fait
vivre en repos, & qu'il doit avoir
une volonté ferme d'être utile
aux autres hommes lorsqu'il le
peut, sans blesser la justice qui doit
toûjours être la regle de sa conduite.

Tout cela est tres-bien remarqué, reprit le Duc, mais il seroit
bon que M. le Commandeur
nous dit ses sentimens pour sçavoir en quoi consiste principalement cette justice, qui doit regler nôtre conduite à l'égard des
bienfaits & des graces que nous
devons faire à ceux qui ont re-
cours à nous dans leurs besoins,
car il semble qu'on ne peut jamais
manquer en faisant du bien à un
chacun quand on en a le pouvoir.

Cela est vrai, répondit le Commandeur, lorsque ce pouvoir est

conforme aux Loix de cette Juſtice qui le doit régler ; mais ſi
nous l'exerçons hors de ſes regles,
c'eſt un pouvoir uſurpé qui rend
nôtre action blâmable, quelque
bonne intention que nous aïons
en la faiſant.

Je ſuppoſe, par éxemple, que
je ſuis ſollicité par un créancier
de lui païer ce que je lui dois,
& par un homme malheureux de
le ſecourir dans ſon beſoin ; ſi
je nai pas aſſés de fonds pour ſatisfaire à l'un & à l'autre, je ne
puis ſecourir l'homme indigent
au préjudice de mon créancier,
parce que les actions de juſtice
ſont préferables à celles de charité ; & qu'il faut païer ſes dettes
avant que de faire des préſens &
des aumônes ; mais je dois éviter
de faire des dettes pour des choſes vaines & inutiles, qui m'ôtent
les moïens de faire des actions de
charité & de liberalité.

Celui qui fait des charitez ou des liberalitez, & qui ne païe pas ce qu'il doit, fait un vol, en ce qu'il difpofe du bien d'autrui contre les régles de la juftice, dont la principale confifte à rendre à un chacun ce qui lui appartient.

Lorfque nous avons le pouvoir & l'occafion de la rendre, il faut bien prendre garde de nous laiffer entraîner par la faveur des hommes & par les confiderations de l'amitié; car c'eft une maxime tres-fauffe & tres-dangéreufe que celle de ce Roy* ancien, qui trouvoit que fes amis avoient toûjours raifon.

*Age-
silas.

Il y a encore une autre juftice dans la diftribution des bienfaits, qui veut qu'on les donne toûjours à ceux qui en font eftimez les plus dignes, fur tout lorfqu'il s'agit de remplir les emplois publics, parce qu'en ce cas, on fe rend coupable des fautes que font les mauvais sujets que l'on y a placez, & des mauvais effets qu'ils produisent dans la societé, soit par leur incapacité, ou par le déreglement de leurs mœurs.

Ce choix devient plus ou moins important, à proportion du dégré d'autorité attaché à ces emplois & de la conséquence des affaires qui leur sont confiées; ainsi on ne peut être assés attentif à ne confier qu'aux meilleurs ouvriers la conduite des armées, celle du gouvernement de l'Etat & des Négotiations étrangeres, qui se font avec les Souverains & avec les peuples libres, parce que les fautes que l'on y fait sont souvent irréparables, & que celles qui se commettent au-dedans de l'Etat par les Magistrats inferieurs, se réparent plus aisément par l'autorité du Prince, ou du gouvernement qui y est reconnu.

Cette obſervation, dit la Dâme, regarde particulierement la conduite des Princes, ou de ceux auſquels ils confient leur autorité; mais je voudrois bien ſçavoir comment M. le Commandeur fait compâtir la gloire des Conquerans avec cette regularité & cette juſtice, qu'il veut que tous les hommes obſervent dans leur conduite.

Il eſt aiſé Madame, de vous ſatisfaire là-deſſus, répondit le Commandeur.

C'eſt une des plus grandes erreurs du vulgaire, que de loüer tous les Conquerans, ſans faire la diſtinction ſi néceſſaire entre les conqueſtes juſtes & celles qui ne le ſont pas : il n'y a point d'hommes plus dignes d'être loüez, que ces grands Princes & ces hommes héroïques, qui au lieu de paſſer leur vie dans l'oiſiveté & dans les plaiſirs, s'expoſent aux perils & aux fatigues d'une guerre néceſſaire, pour procurer par leurs travaux & par leurs victoires, la ſûreté & le bonheur de leurs ſujets ou de leurs compatriotes; mais il n'y en a point qui méritent mieux la haine univerſelle, que ces perſecuteurs publics, qui déſolent leur propre païs, ou celui de leurs voiſins, par le ſeul motif de ſatisfaire à une vaine gloire & à une ambition déreglée.

Cependant, dit la Dame, Ceſar & Alexandre n'auroient pas été loüez & admirez comme ils l'ont été & comme ils le ſont encore, s'ils n'avoient uſurpé le bien d'autrui.

Ceſar, repondit le Commandeur, eſt digne de toutes les loüanges qu'on lui donne & de l'admiration qu'on a pour ſon courage, pour ſon habileté, pour la vaſte étenduë de ſon génie & pour ſes autres grandes qualitez naturelles & acquiſes pendant qu'il eſt occupé à la guerre des Gaules, parce qu'il exécute les ordres de ſa République. Mais lorſqu'il tourne contre elle les armes qu'elle lui a confiées, tou-tes ſes grandes qualitez devien-nent pernicieuſes par le mauvais uſage qu'il en fait en violant les Loix & tous ſes devoirs, & en cau-ſant la deſtruction & la rüine d'un ſi grand nombre d'hommes, qu'il ſacrifia à ſon ambition & à ſa va-nité.

Et Alexandre, reprit la Dame, eut-il raiſon ou non d'entrepren-dre la conqueſte du monde ?

La guerre qu'Alexandre en-treprit contre le Roy de Perſe, répondit le Commandeur, fut di-gne de la grandeur de ſon cou-rage, en ce qu'elle avoit un juſte motif, & qu'il s'agiſſoit de dé-truire un ennemi puiſſant, qui avoit entrepris d'envahir toute la Grece & d'aſſujetir tous ſes voifins ; Mais après qu'Alexandre eut conquis le vaste empire de D'arius: la guerre qu'il porta sans nécessité chez les Indiens, chez les Scites & chés tant d'autres Peuples barbares, qui n'avoient rien à démêler avec lui, doit être regardée comme l'effet d'un esprit vain, inquiet, & déreglé.

Cependant, repliqua la Dame, vous ne changerez pas l'opinion du public en faveur de ces deux Conquerans, & vous n'empêcherez pas qu'il ne mette tous ceux qui les imiteront même d'assés loin au nombre des Heros.

Je ne prétens pas aussi Madame, répondit le Commandeur, désabuser le Public de toutes ses erreurs, & sur tout de celle dont il s'agit : elle a de trop profondes racines dans le cœur de la plûpart des hommes, étant fondée sur les désirs déreglez qu'ils ont de soûmettre tous les autres hom-

mes à leurs volontez , & c'eſt
ce qui les aveugle dans les
faux jugemens qu'ils font des
actions de ces fameux voleurs ,
qu'ils admirent ſous le nom de
Conquerans ; ils loüent les inju-
ſtices & les cruautez de ces prétendus Heros , parce qu'ils en
commettroient volontiers de
ſemblables, s'ils étoient en pouvoir de les imiter, & de ſacrifier
comme eux le repos & le bonheur
public à leur orgüeil, à leur vanité, à leur ambition & à leur
avarice;de-là vient que ces hommes injuſtes & inſatiables ſont
dans l'opinion du vulgaire ignorant & corrompu au-deſſus des
bons & ſages Princes,qui bornent
leurs ſoins & leurs déſirs à conſer-
ver leur droits & à procurer le
bonheur des peuples,que de juſtes
Loix ont ſoumis à leur conduite.

Ces faux jugemens, pourſuivit
le Commandeur, font encore que

la plûpart des hommes conftituez
en authorité s'appliquent bien
plus à augmenter leur puiffance,
qu'à regler leurs défirs & leurs
fentimens, parce que les hommes aveuglez par les mêmes défirs ne les honnorent qu'à proportion de ce qu'ils peuvent & non
de ce qu'ils valent.

Cependant il n'y a rien qui marque mieux la fauffeté de l'efprit
& la corruption du cœur humain,
que d'établir fon bonheur & fa
gloire fur les malheurs publics ;
on fuit en cela le mouvement le
plus imparfait de la nature, qui
eft de rapporter tout à foi-même,
au lieu que l'amour propre bien
réglé trouve fa fatisfaction à procurer celle des autres ; & c'eft une
maxime que doivent fuivre ceux
qui font conftituez en authorité,
s'ils veulent fe montrer dignes de
leurs emplois, dont l'inftitution
n'a eu pour but que le bien public.

La véritable gloire des grands hommes ne confiste donc pas à ufurper par force ou par adreffe une authorité illégitime, pour contenter des défirs injuftes & déréglez, ou pour laiffer un vain bruit d'eux après leur mort, mais à remplir tous les devoirs du pouvoir qu'ils poffedent juftement, pour procurer le bonheur de ceux que Dieu a foumis à leur conduite.

Ces véritez paroiffent fi claires, reprit la Marquife, que je fuis réfoluë de m'en tenir aux fentimens de M. le Commandeur.

Il feroit bon, dit le Duc; que tous les Princes en fuffent convaincus, & que parmi les courtifans, qui leur difent fans ceffe que tout leur eft dû, & que tout eft fait pour eux; il y en eut quelqu'un affés fincere & affés honnête homme, pour les faire fouvenir qu'ils doivent auffi beau-

coup à leurs sujets, qu'ils sont
obligez de travailler sans cesse à
les rendre heureux, qu'ils n'acquierent une véritable gloire que
par cette seule vóïe, & que s'ils
sont l'image de Dieu sur la terre
par leur puissance, ils le doivent
être encore par leur justice, par
leur sagesse, & par leur bonté.

On ne peut pas mieux con-
clure, répondit le Commandeur,
& cela me fait souvenir de ce qu'a
dit un Ancien, que si quelque
chose peut rendre les hommes
semblables aux Dieux, c'est de
faire du bien & de dire la verité.

CHAPITRE III.

De l'inclination bienfaisante & des vertus qu'elle produit. En quoi consiste la veritable liberalité. Que le plus beau privilege des Souverains consiste dans le pouvoir qu'ils ont de faire du bien.

IL n'y a point de voïe plus sûre que celle des bienfaits pour se rendre le maître des volontez des hommes; celui qui s'applique à les rendre heureux est sûr d'étendre & d'affermir sa puissance, parce qu'il les interesse à la maintenir, au lieu que le pouvoir qui n'est établi que sur la crainte, n'est ni sûr, ni durable; parce que comme la crainte est un moïen violent, les hommes cherchent naturellement à s'en affranchir & profitent des occasions favorables qui s'en presentent.

Puisque

Puiſque l'inclination bien-faiſante produit de ſi bons effets, reprit la Marquiſe, je voudrois bien que M. le Commandeur nous expliquât en quoi elle doit conſiſter, & quel eſt ſon véritable uſage, tant à l'égard des Princes, que des particuliers.

L'inclination à faire du bien, répondit le Commandeur, eſt une vertu active qui met la ſatisfaction de celui qui la poſſéde à procurer le bonheur d'autrui, & on lui donne divers noms ſelon les differens effets qu'elle produit.

On l'appelle magnificence lorſqu'elle s'exerce à faire des dépenſes utiles & agréables au public ; on la nomme liberalité lorſqu'elle répand ſes bienfaits ſur les Particuliers qui en ſont dignes ; elle prend les noms de magnanimité & de clémence, lorſqu'elle accorde le pardon des injures & qu'elle fait grace aux coupables

G

& aux ennemis vaincus; on la nomme bonté lorſqu'elle compâtit aux malheurs & aux foibleſſes d'autrûi, qu'elle a de l'indulgence pour leurs fautes, de la complaiſance & de la condeſcendance à leurs volontez, & elle prend le nom de charité lorſ-qu'elle s'applique à les ſecourir dans leurs afflictions & dans leurs beſoins.

Il n'y a preſque que les grands Princes, dit la Dame, qui puiſſent être bienfaiſans & libéraux, & cette belle qualité n'eſt pas de l'uſage des particuliers.

La véritable liberalité, reprit le Commandeur, eſt de l'uſage de tous les hommes, parce qu'elle ne conſiſte pas tant dans la valeur des bienfaits, que dans les ſentimens du cœur de celui qui les fait; & tel eſt avare en faiſant de grands préſens contre ſon inclination & par des conſidérations d'interêt, pendant qu'un autre eſt véritablement liberal & bienfaiſant par le deſir continuel qu'il a d'en faire, ou d'en procurer, & par le plaiſir qu'il y prend. Ainſi l'on peut être bienfaiſant en toutes ſortes d'état, & c'eſt en vain qu'un homme avare tâche à juſtifier ſa dureté & ſon avarice par ſon manque de pouvoir, puiſqu'elle a ſa véritable ſource dans ſon cœur, & que les plus grandes richeſſes ne ſervent d'ordinaire qu'à augmenter le déſir qu'il a d'en amaſſer ſans fin, pour ne s'en pas ſervir, ou pour en faire de mauvais uſages: un homme préoccupé de cette paſ-ſion juſquà un certain point, eſt d'autant moins eſtimable qu'elle le rend inutile à la ſocieté ; & par la raiſon oppoſée il n'y en a point de plus loüiables que ceux qui ſont ſans ceſſe appliquez à faire du bien aux autres, qui font leur plaiſir & leur paſſion dominante, de donner des marques conti- nuelles de cette inclination of- ficieuſe & bienfaiſante, & qui ne perdent aucune occaſion de con- tribuer à la ſatisfaction & au bon- heur d'autrui.

C'eſt ſelon moi, reprit le Duc, le plus beau privilege des Sou- verains, que le pouvoir qu'ils ont de mettre tous les jours en pra- tique cette noble inclination; & il me ſemble que jamais aucun n'a mieux ſenti l'avantage de ſa condition, & n'a ſçû en faire un meilleur uſage que cet Empereur qui regretta la perte d'un jour, qu'il avoit paſſé ſans avoir fait du bien à quelqu'un, & qui croïoit qu'il étoit malſéant à un Prince de laiſſer partir quelqu'un triſte & malcontent de devant lui.

Auſſi fut-il honoré du plus beau titre qui ait jamais été donné à aucun autre Prince, reprit le

Commandeur; ceux qui ont raport aux victoires qu'un Prince
a remportées & aux conquêts
qu'il a faites, sont en partie dûës
au hazard, parce que quelque
grande qu'ait été sa valeur & sa
conduite, il a eu besoin du courage & du nombre de ses soldats,
& des occasions favorables, qui
sont des choses casuelles & étrangeres à son egard; mais la qualité de bienfaisant est purement
à lui, il n'en partage la gloire avec
personne, & il ne dépend que
de lui de l'acquerir, & de faire
par ce moïen les délices de ses
peuples.

Ce que nous venons de dire
pour le Prince, continúa le Commandeur, se doit appliquer à toutes les autres conditions des hommes; on ne peut avoir l'ame
belle, si on ne l'a bienfaisante, &
si on ne fait sa joïe d'éxercer sans
cesse cette belle qualité, chacun

G iij

selon l'étenduë de son pouvoir.

Cependant, dit le Duc, ceux
qui se retirent du commerce du
monde, & qui s'appliquent à
la vie contemplative, semblent
négliger la pratique de cette
vertu pour acquerir un plus haut
point de perfection.

CHAPITRE IV.

Si la vie active est préferable à la
vie contemplative. De la since-
rité & de la droiture du cœur.
Portraits de Gens faux. De la
fausseté de l'esprit differentes de
celle du cœur.

LA vie contemplative qui a
Dieu seul pour objet est tres-
digne de loüange, répondit le
Commandeur; mais la vie active
animée par l'amour de Dieu &
par celui du prochain me paroît

encore plus loüable, en ce qu'elle accomplit entierement le précepte qui dit, *vous aimerez Dieu de toutes vos forces, & vôtre prochain comme vous-même* ; celui qui aime son prochain doit rechercher à lui être utile ; ainsi ceux qui ont des talens propres à servir leur Prince, leur Patrie, & même tous les hommes sans distinction de Païs, puisque la charité n'en exclud point, sont obligez d'en faire usage lorsqu'ils y sont appellez, en exerçant avec désinteressement, avec zele & avec application les emplois qu'on leur confie ; le repos & l'indépendance que préferent ceux qui les évitent, est souvent un effet de leur paresse & de l'habitude qu'ils se sont formée à mener une vie oisive & nonchalante, que le manque d'occupation rend souvent inquiette & chagrine.

G iiij

Il est vrai, poursuivit le Commandeur, qu'on trouve d'ordinaire plus de sincerité aux hommes retirez du commerce du monde, qu'en ceux qui y sont engagez, parce que le besoin de se mettre à couvert des artifices & de la malice des autres hommes, & les mauvais exemples qu'on trouve parmi eux, alterent souvent cette bonne qualité : Cependant la sincerité & la droiture de cœur sont des qualitez tres-essentielles & nécessaires à nôtre perfection.

J'en suis si convaincuë, reprit la Marquise, qu'il n'y a point de plus mauvais caractere à mon gré, que ces gens faux qui passent leur vie à parler sans cesse contre leurs véritables sentimens, & à paroître toûjours differens de ce qu'ils sont. Je prefererois la societé d'un homme rude & mal poli, qui me diroit

durement les chofes comme il
les penfe, à celle de ces efprits
doubles & artificieux, qui fous
une fauffe apparence de zele,
d'eftime & d'amitié, cachent un
cœur plain d'envie, de dureté
& de malignité, qui ne nous recherchent point par aucun fentiment qu'ils aïent de nos bonnes
qualitez, mais autant qu'ils nous
croïent propres à quelque chofe
felon leur vûës, qui reglent leurs
foins, leurs civilitez & leurs refpects, fur le degré de faveur &
de confiance, qu'ils croïent que
nous avons auprès de ceux qui
leur peuvent être utiles, & qui
ceffent de nous voir & de nous
connoître à mefure que nôtre
crédit diminuë, ou que le leur
augmente.

Ces gens qui nous abordent
avec des airs gracieux, qui parlent d'un ton radouci, qui difent
toûjours des chofes, agréables

& flateufes , & qui ne nous voïent
pas plûtôt éloignés , qu'ils cherchent à tourner en ridicule nos
bonnes qualités & nos bonnes actions, ou à faire remarquer toutes nos foibleffes & à les groffir
par les tableaux chargez qu'ils
en font.

Ces manieres d'agir, reprit le
Duc, font fort ordinaires; &
nous les voïons fouvent pratiquer
par des gens, avec qui nous fommes en commerce.

Cela eft vrai, répondit la Marquife, mais elles n'en font pas
moins méprifables, & on ne peut
être trop fur fes gardes avec certains efprits bas & malins, qui
viennent nous faire de fauffes
confidences, afin de furprendre
la nôtre, & d'en profiter par le
trafic qu'ils font de tous les fecrets d'autrui, qui font toûjours
prêts à nous facrifier & à empoi-
fonner les difcours les plus inno-

cens lorfqu'ils croïent par-là fe faire valoir.

Ces faux amis qui nous font mille proteftations de fervices, & qui fouffrent patiemment qu'on médife de nous en leur préfence fans fe mettre en devoir de nous défendre & de nous juftifier, qui dans les occafions qui fe préfentent de nous fervir n'ont pas la force ou la volonté de nous rendre un témoignage avantageux qui leur feroit honneur.

Ces faux braves qui nous étourdiffent de faux récits de leurs exploits, qui ont toûjours été caufe de toutes les victoires que le feu Roy a remportées, & qui cependant font d'ordinaire fort foigneux de conferver leur précieufes perfonnes, qu'ils croïent fi néceffaires à l'E tat.

Mais je ne puis fouffrir, fur tout ces faux devots, qui font trafic des exercices & des dehors d'une

pieté feinte pour faire leur fortune, & pour repandre impuné-
ment leur venin fur ceux qui ne
refpectent pas toutes leurs grima-
ces, & qui voïent dans le fonds de
leur cœur le fale interêt, l'ambition immoderée & le mauvais
orgüeil qui les tourmente.

Voilà Madame, dit le Com-
mandeur, des portraits qui femblent être faits d'après nature.

Les Originaux en font fi com-
muns, répondit la Marquife,
qu'on peut appliquer le même
portrait à quantité de perfonnes
differentes, & c'eft ce qui fait
qu'elles fe fauvent dans la foule,
qui empêche de les démêler de
leurs femblables : Mais pour revenir à ce que vous avez dit de
la fincerité & de la droiture de
cœur, c'eft felon moi, une fi belle
qualité, que je voudrois que vous
m'aprifliez à la connoître dans
toute fon étenduë.

Vous avez trop bien parlé,

Madame, des défauts qui lui
font oppofez, répondit le Commandeur, pour pouvoir vous rien
apprendre là-deffus, puifqu'il n'y
a qu'à faire précifément le contraire de tout ce que vous venez
de dire, pour obferver cette conduite vraïe & cette droiture de
cœur, qui eft fi eftimable par fon
propre prix, & qui le devient
encore davantage par fa rareté ;
cependant fi les hommes conoif-
foient leurs véritables interêts,
ils travailleroient beaucoup plus
qu'ils ne font à la conferver ou
à l'acquerir, lorfqu'elle leur manque ; car c'eft le défaut de cette
qualité qui eft la principale caufe
de la divifion qui regne parmi
eux & qui les prive des plaifirs
réels & folides, qu'ils trouveroient
dans l'union, l'eftime, & la confiance reciproque; il n'y en a point
qui ne connoiffent l'excellence de
cette qualité, & ils rendent un

témoignage continuel de l'eftime
qu'ils en font par les foins qu'ils
prennent de perfuader qu'ils la
poffedent : mais il y en a tres-peu
qui aïent le courage de l'acquerir
& qui ne fe contentent d'en
faire paroître tous les dehors
ils paffent leur vie à fe maf-
quer, & à fe contraindre,
fans confiderer qu'il leur feroit
bien plus aifé & plus agréable de
devenir effectivement tels qu'ils
veulent qu'on les croïe, qu'il n'y
a rien de plus difficile que de
tromper fans ceffe ceux qui les
obfervent, qu'ils peuvent leur im-
pofer pour quelque tems, mais
que la fuite de leur conduite,
quelque concertée quelle foit, les
fait enfin connoître pour ce qu'ils
font, & que dés qu'ils font connus, la fauffeté & la duplicité de
leur cœur les déshonnore & les
rend dignes de haine & de mépris.

Tout cela eſt vrai, reprit la Dame, mais le déguiſement eſt devenu un mal neceſſaire par la corruption generale qui regne parmi les hommes; & ſi on avoit toûjours le cœur ſur les levres avec ce grand nombre de fourbes & de gens de mauvaiſe foi, de toutes ſortes d'étages qui vivent dans le monde, & avec qui on eſt obligé de vivre, on ſeroit bientôt accablé par leur méchanceté & par leurs artifices.

Cette obſervation me paroît très-judicieuſe, répondit le Commandeur, & elle mérite bien d'être éxaminée.

Lorſque nous diſons qu'il faut avoir une conduite vraie & un cœur droit, cela ne conclud pas qu'il faille dire toutes les véritez que nous ſçavons & tout ce que nous penſons d'autrui; ce ſeroit une ſimplicité & une indiſcretion très-blâmable, qui cauſeroit des

défordres continuels dans la focieté ; il s'agit pour être vrai dans
fa conduite, de ne point faire aux
hommes des démonftrations contraires à nos véritables fentimens
à deffein de les tromper , & d'a-
bufer de leur credulité, & fur tout
de ne leur faire aucunes promeffes
pofitives, que nous n'aïons la volonté de les éxecuter.

Mais, dit la Dame, fi quelque
perfonne confidérable & dont
vous pouvez avoir befoin, vous
prie de lui rendre quelque fervice
qui dépende de vous, & que vous
aïez des raifons qui s'y oppofent ;
irez-vous lui dire tout net, que
vous n'en ferez rien , & vous attirer par là fon reffentiment.

Si je puis rendre le fervice qu'on
defire de moi, répondit le Commandeur, je le ferai avec plaifir,
mais s'il eft d'une nature à ne
devoir pas être accordé , je dirai
avec honnêtete les raifon que j'ai

de ne le pas faire ; & fi cette per-
fonne-là, quelque confidérable
qu'elle puiffe être, ne s'en contente
pas, je m'en confolerai, & je ne
l'amuferai point par de fauffes
démonftrations & de fauffes promeffes ; parce qu'outre qu'elles
font indignes d'un cœur bienfait,
il faut compter que les hommes
font moins piquez d'un refus, que
d'un manque de parole, & que
rien ne les irrite tant que la fauffeté.

Je fuis fort de vôtre avis, dit
le Duc, mais il me femble que
la fauffeté de l'efprit ne caufe pas
moins de défordres dans la focieté, que celle du cœur.

Cela eft vrai, répondit le Commandeur, mais il y a cette difference, que la fauffeté de l'efprit
dans fes jugemens eft un défaut
des lumieres, de l'entendement
qui ne dépend pas de nous, & que
la fauffeté & la duplicité de cœur

eft un défaut de nôtre volonté, que nous fommes les maîtres de corriger.

Mais, dit la Marquife, ne peut-on pas auffi corriger les défauts de l'efprit, & augmenter fes lumieres naturelles.

Cela fe peut, Madame, répondit le Commandeur ; mais on n'y réüffit que par beaucoup d'application & de travail.

Il fuffit que cela foit poffible, reprit la Marquife, pour ne pas négliger un fi grand bien ; mais afin de me mettre en état de l'acquerir, je fupplie M. le Commandeur de vouloir bien m'apprendre en quoi confiftent les bonnes & les mauvaifes qualitez de l'efprit.

CHAPITRE V.

Des qualitez de l'esprit naturelles
& acquises.

LEs qualitez de l'esprit, répondit le Commandeur,
sont naturelles ou acquises; les
premieres dépendent de la disposition des organes & de la difference des tempéramens, les
dernieres de l'éducation, de l'é-
tude & de l'expérience.

On distingue d'ordinaire les
qualitez naturelles de l'esprit, en
celle de l'imagination, de l'entendement & de la mémoire.

Les belles qualitez de l'imagination, consistent à concevoir vi-
vement, nettement, & facilement les choses qui lui sont
presentées, & à en offrir à l'entendement des idées justes &
distinctes.

Les qualitez de l'entendement font de bien juger fur ces idées, & de fçavoir difcerner le vrai d'avec le faux.

Celles de la memoire, font de conferver fidelement les idées que l'imagination lui fournit.

Comme la perfection de ces trois differentes facultés de nôtre ame, eft d'ordinaire produite par des temperamens differens, elle fe trouve rarement dans le même dégré en un même fujet.

Les hommes qui font nez avec une imagination vive, font propres à exceller dans les Arts, comme la Mufique, la Peinture, la Sculpture, la Géométrie, & les Méchaniques : ils y font des découvertes qui deviennent utiles & agréables au Public, & ils réüffiffent encore à devenir grands Poëtes & éloquens Orateurs ; mais ils ne font pas fi propres à la conduite des affaires & au gouvernement des

Etats, il ne faut les y emploïer qu'en second, & il eſt dangereux & préjudiciable de leur confier les premieres places, parce que la vivaciré de l'imagination eſt contraire à l'eſprit de réfléxion, qui péſe & qui éxamine meurement & à loiſir, toutes les choſes qui ſe préſentent avant que de ſe déterminer, & qui eſt le caractere propre pour ſe bien conduire & pour conduire les autres.

La vivacité & l'étenduë de l'imagination eſt donc particulierement propre à former ce qu'on appelle ordinairement un bel eſprit, qui brille aux yeux des hommes, qui les divertit, & qui les inſtruit par ſes heureuſes & agréables productions. Mais c'eſt la clarté & la juſteſſe de l'entendement qui forme un eſprit bienfait, judicieux & ſolide, qui eſt utile à ſoi-même, & aux autres

par une fage conduite & par une
grande habileté dans les affaires
où il s'emploïe ; & c'eft l'excellence de la mémoire, jointe à une
grande étude qui forme les Gens
de Lettres & les Sçavans dans les
Langues, l'Hiftoire, & les autres
connoiffances qui les rendent
utiles & agréables à la focieté en
diverfes occafions, où l'on a re-
cours à eux pour s'inftruire des
faits, des Loix, & de diverfes
autres chofes curieufes, qui fervent à la conduite de la vie.

Comme la juftefle du difcer-
nement eft la plus importante &
la plus néceffaire de toutes les
qualitez de l'efprit, c'eft celle
que nous devons cultiver avec
plus de foin, & qui doit être l'objet principal de nôtre application : car dés que nous jugeons
fainement des chofes, nous nous
attachons naturellement aux
bonnes, & nous fuïons les mau-

vaifes ; & c'eft le manque de ju-
ftefle dans nos jugemens qui eft
la caufe de tous les égaremens
de nôtre conduite.

Il n'y a rien de plus eftimable
& de plus rare parmi les hommes,
pourfuivit le Commandeur, qu'un
jugement fain & un fens droit,
rien de plus commun que des efprits vifs & faux qui jugent mal
de tout, qui décident témeraire-
ment fur des chofes qu'ils n'entendent pas, & même fur celles
qui font au-deffus de la portée de
la plûpart des hommes, qui font
exceffifs dans toutes leurs opinions, & qui ne peuvent jamais
demeurer dans un jufte tempéramment, qui prennent d'ordinaire de mauvais partis dans leurs
affaires, & dans celles qui font
confiées à leur conduite, qui veulent attirer les autres dans leurs
erreurs & les leur faire approuver, & qui font fi attachez à leur

mauvais fens, qu'ils font incapables d'écoûter tout ce qui peut les défabufer ; c'eft ce qui a fait naître & qui entretient un tres-grand nombre d'erreurs qui ont cours parmi les hommes, & dont plufieurs font leur étude principale.

On peut mettre dans ce rang ceux qui s'entêtent des rêveries de l'Aftrologie judiciaire, & ceux qui paffent leur vie à fouffler, pour chercher ce qu'ils appellent le grand œuvre ou la pierre Philofophale; & tant d'autres efprits faux qui débitent hardiment leurs vifions, & qui trouvent des hommes affés ignorans & affés faciles à tromper pour fuivre leurs erreurs, en forte qu'il n'y en a point de fi abfurde & de fi extravagante qui ne trouve des Sectateurs.

C'eft de la même fource que viennent les héréfies & les guer-

res

res cruelles qu'elles causent, pour
établir les nouvelles opinions de
quelque visionaire ou pour les
maintenir ; & c'est de la fausseté
du discernement que viennent
tant de desseins mal conçûs &
tant d'entreprises folles, injustes,
& mal concertées.

Tout cela est fort bien remarqué, répondit la Dame, mais je
ne vois pas de moïens de remédier à tous ces maux-là, qui sont
aussi vieux que le monde, & qui
dureront tout autant qu'il y aura
des hommes : car ce seroit entreprendre de vouloir faire voir
claire à un aveugle, que de donner du jugement à celui qui n'en
a point.

Cependant Madame, répondit
le Commandeur, comme le manque de justesse dans les jugemens
vient souvent de précipitation,
on peut s'en corriger en s'accoû-
tumant à ne juger de rien, sans

H

conſulter auparavant bien ſérieu-
ſement nos propres lumieres &
celles de nos amis, moins prévenus & plus éclairez ſur ce qui
nous regarde.

Il me ſemble, dit la Marquiſe,
que la plûpart des faux jugemens
viennent auſſi de la préſomption
de ceux qui les font ; il y en a
qui la portent à un ſi haut degré,
qu'ils ne croïent pas qu'on puiſſe
leur apprendre quelque choſe,
ceux là ſont bien loin de conſulter les lumieres d'autrui, ils ne
ſont pas même capables de faire
uſage de leurs propres lumieres.

Ces gens ſi confians en eux-
mêmes & ſi entêtez de leur ſçavoir & de leur habileté, dit le
Commandeur, ſont ſujets à faire
de grandes fautes, & ils me font
ſouvenir d'une vieille maxime
d'un de nos Rois* qui diſoit, que
quand orgüeil & ignorance vont à

* Louis XI. dans ſa Vie faite par Phi-
lippes de Comines.

cheval, *honte & dommage les sui-*
vent en croupe.

Je connois un homme, dit le
Duc, qui tombe dans un défaut
oppofé, qui eft de douter de tout,
& qui tire une fauffe gloire de
fes doutes.

CHAPITRE VI.

Si les Sciences fervent à perfeEtion-
ner l'efprit. Des bons & des mau-
vais effets qu'elles produifent,
Qu'il y a des connoiffances fon-
dées fur des veritez démonftra-
tives.

JE fupplie Monfieur le Commandeur, reprit la Marquife,
de me dire fi la connoiffance
des Sciences ne contribuë pas
beaucoup à éclairer nôtre jugement.

Les Sciences, répondit le Commandeur , fervent aux efprits
bienfaits à perfeÄionner leur rai-

son; & à les rendre plus sages, plus humbles, plus justes & plus habiles; mais elles jettent d'ordinaire de la confusion & du déreglement dans les têtes mal faites; elles les enflent en grossissant dans leur imagination l'opinion de leur propre mérite, les jeunes gens, sur tout que le manque d'expérience & la chaleur de leur tempéramment disposent à présumer d'eux-mêmes, sont sujets à s'en orgüeillir de ce qu'ils ont appris, les demi Sçavans sont encore d'ordinaire suffisans & présomptueux, il s'entêtent facilement des premieres lueurs de connoissances qui les frapent, sur tout dans les Sciences abstraites & spéculatives, comme sont la Métaphisique & les Mathématiques; ils prennent souvent des vrai-semblances pour des véritez constantes & démonstratives, & ils se croïent en droit de s'esti-

mer des génies superieurs, & de
se mettre fort au-dessus de ceux
qui ne sçavent pas ce qu'ils
croïent sçavoir; cependant quand
on éxamine de près leur prétenduë science, il se trouve qu'il ne
sçavent rien, ou tout au plus que
des choses inutiles, incertaines,
& même dommageables, en ce
qu'elles les détournent d'apprendre celles qu'ils sont obligez de
sçavoir; & qu'au lieu de contribuer à leur regler l'esprit, elles
les remplissent de vaines idées &
d'une fausse opinion d'eux-mêmes, qui est une source féconde
d'erreurs & d'égaremens dans
leur conduite.

Cependant, poursuivit le Commandeur, il faut bien se donner
de garde d'attribuer aux Sciences
les mauvais effets, qu'elles produisent en ceux qui s'en servent mal;
c'est une épée tranchante dans
la main d'un furieux qui la tourne

concre lui-même, & qui fert à un homme fage pour le défendre de fes ennemis.

La Métaphifique nous conduit à la connoiffance de l'autheur de tous les Etres par la grandeur immenfe, & la profonde fageffe que nous voïons dans tous fes ouvrages, mais en augmentant nos lumieres naturelles, elle nous découvre leur peu d'étenduë & la vanité de ce que nous appellons Science, & cette découverte fert à nous faire connoître, qu'il n'y a point de vériritable fageffe, que de foumettre nos foibles lumieres & toutes nos volontez à la Providence de cet Etre fouverain & éternel, de nous humilier fans ceffe, & de nous anéantir pour ainfi dire devant lui.

Les Mathématiques, & fur tout cette partie qu'on appelle la Géométrie, fert à nous régler l'esprit, & à nous faire raisonner juste, & c'est pour cela que les anciens Grecs la faisoient apprendre à leurs enfans avant les autres Sciences : car comme nous ne connoissons presque rien de certain que ce qui se peut compter ou mesurer , ils fondoient leurs raisonnemens sur l'étenduë des corps & sur les nombres , parce que les véritez en sont démonstratives.

Je supplie M. le Commandeur, avec la permission des Dames , dit le Duc, de me donner quelques éxemples de ces véritez démonstratives, afin de m'en servir à convaincre l'homme dont je vous ai parlé, qui soûtient que nous n'avons aucune connoissance certaine en ce monde.

Cet homme ne peut pas nier , répondit le Commandeur, que deux & deux joints ensemble font le nombre de quatre ; que

H iiij

quelques grands que foient les nombres, on peut les augmenter à l'infini, en y ajoûtant toûjours de nouveaux nombres; que tout ce qui a deux bouts à un milieu, & fe peut divifer en differentes parties; que chaque partie eft moins grande que le tout, dont elle fait une portion : il y a donc quelques véritez qui nous font connuës & fur lefquelles nous pouvons régler nos jugemens pour acquerir cette juftefle qui y eft fi néceflaire.

CHAPITRE VII.

Comment les efprits qui ont de la juftece, jugent de chaque chofe qui fe préfente. Quelles font les connoiffances les plus néceffaires pour nous bien conduire.

LEs efprits qui ont de la ju-ftefle, pourfuivit le Commandeur, éxaminent les chofes avec attention pour en juger avec connoiffance, & ils les mettent chacune dans le rang qu'elles doivent tenir ; ils croïent celles qui font évidemment vraïes, & dont les véritez fe peuvent dé-montrer ; ils rejettent les fauffes, ils fufpendent leur jugement fur celles qui leur paroiffent incer-taines, & dont ils ne peuvent pé-netrer la verité ; & une des plus grandes marques qu'ils puiffent donner de leurs lumieres, c'eft de s'en défier par la connoiffance qu'ils ont de leur peu d'étenduë, & d'être toûjours difpofez à les fortifier par les fecours qu'ils peuvent tirer de l'expérience & des lumieres d'autrui.

Je voudrois bien , reprit la Marquife, que M. le Comman-deur nous dit précifément quel-les font les Sciences qu'il juge les plus néceffaires pour nous bien conduire. H v

Je croi Madame, répondit le
Commandeur, qu'après nous
être appliquez à nous bien inſtruire des véritez dont la connoiſſance eſt néceſſaire pour procurer nôtre ſalut ; celle qui doit
enſuite tenir le premier rang, eſt
d'apprendre à nous bien connoître nous mêmes, qu'il faut pour
cela éxaminer avec ſoin juſqu'où
peut aller l'étenduë de nôtre
eſprit, pour donner de juſtes bornes à nos études & à nos connoiſſances : car dés que nous en-
treprenons de les étendre au-
delà de nôtre portée, nous nous
jettons dans des eſpaces imagi-
naires où nous ne manquons pas
de nous égarer ; il eſt auſſi tres-
néceſſaire de nous appliquer à
découvrir quelles ſont les bonnes
& les mauvaiſes inclinations avec
leſquelles nous ſommes nez ; &
après les avoir connuës telles
qu'elles ſont, il faut travailler

férieufement à fortifier les bonnes & à corriger les mauvaifes,
en les regardant comme des ennemis dangereux & domeftiques
qui font toûjours prêts à nous
trahir.

Il faut auffi s'appliquer à connoître les autres hommes tels
qu'ils font, & non pas tels qu'ils
tâchent de paroître, & particulierement ceux avec qui nous
avons à vivre, afin de regler nôtre conduite à leur égard, fur
cette connoiffance que nous aurons acquife de leurs paffions do-
minantes, de leurs foibleffes, de
leurs opinions, de leurs préventions, de leurs vertus & de leurs
vices.

Il faut encore travailler à acquerir les Sciences, les Arts & la difcipline néceffaire à nôtre condition, & au perfonnage que chacun de nous fe propofe de repre-
fenter dans le Monde; & pour

les bien choifir, il faut que nous
éxaminions les difpofitions tant
du corps que de l'efprit, & les
inclinations que nous avons reçûës de la Nature, afin d'y accommoder nôtre choix, parce
qu'on réüffit d'ordinaire aux chofes qu'on fait avec plaifir, & que
c'eft un moïen affûré de fe rendre utile à foi-même & aux autres, & de fe diftinguer entre fes
égaux, que d'exceller en ce qu'on
entreprend.

Il eft bon, pourfuivit le Commandeur, qu'en nous perfection-
nant dans les connoiffances qui
doivent faire l'objet principal de
nôtre application, nous travail-
lions à acquerir une idée generale des autres, pour n'être pas obligez de montrer une ignorance
groffiere fur certaines connoiffances qui font de l'ufage de toutes
les profeffions des hommes. Mais
il faut nous y appliquer avec ordre & par dégrez à proportion

de leur utilité, & préferer toûjours celles qui font les plus néceffaires au commerce de la vie,
à celle qui n'ont pour but que
de vaines curiofitez, ou de contribuer au luxe & à la volupté,
parce qu'on fe rend eftimable,
non-feulement en excellent en
ce qu'on entreprend, mais encore
à proportion de la valeur des
chofes aufquelles on donne fes
foins & fa principale occupation;
ainfi quoiqu'il faille peutêtre autant de tems, d'application &
de travail à faire un excellent
Peintre, un excellent Muficien,
ou un excellent Poëte, qu'à former un grand General d'Armée,
un habile Miniftre d'Etat, ou un
fçavant Magiftrat; ces derniers
font beaucoup plus eftimez &
plus honorez que les premiers,
à caufe de la fuperiorité de l'objet qu'ils fe font propofé.

Il faut auffi éviter de tomber

dans un défaut affés ordinaire à
la plûpart des hommes, qui eft
de fortir de leur caractere , &
d'affecter de fçavoir des chofes
qu'il n'eft nullement néceffaire
qu'ils fçachent, & qui ne conviennent point à la profeffion qu'ils
ont choifie : on peut citer pour
éxemple le ridicule d'un homme
d'Eglife lorfqu'il affecte de faire
paroître fon habileté dans les
connoiffances qui regardent l'art
de la Guerre, où il ne doit jamais
être emploïé , & qu'il fe mêle
d'en décider & d'en donner des
préceptes, au lieu de mettre fa
gloire à exceller en celles qu'il eft
obligé de fçavoir.

Il y a encore certaines applications particulieres, & certains
talens qui ne conviennent pas à
des hommes élevez en de certains rangs : Il y a par éxemple
des Arts qui peuvent contribuer
à leur divertiffement, mais il ne

faut pas qu'ils emploïent une
partie de leur vie à y exceller,
parce que cela leur fait perdre
le tems qu'ils doivent emploïer à
acquerir les connoiſſances néceſſaires à leurs emplois & à leur
condition, ce qui me fait ſouvenir d'un bon mot que dit un Mu-
ſicien à Philippe Roi de Mace-
doine, qui diſputoit avec lui ſur
la beauté d'un air, * *Aux Dieux
ne plaiſe Seigneur*, lui dit ce Mu-
ſicien, *que vous ſçachiés cela mieux
que moi*; & d'un autre bon mot
du même Roi à Alexandre ſon
fils, qui avoit parfaitement bien
chanté un air devant lui, *N'as-
tu point de honte*, lui dit Philippe,
de ſçavoir ſi bien chanter.

Ces bons mots apprennent aux
Princes & aux hommes élevez,
qu'ils ne doivent regarder ces
ſortes d'Arts, que comme des

+ Ces paroles ſont rapportées par Plu-
tarque.

amuſemens agréables pour ſe
délaſſer de leurs autres emplois,
& n'en pas faire ſur tout leur
paſſion dominante, ni leurs occupations ordinaires.

CHAPITRE VIII.

Des diverſes qualités de l'eſprit,
cauſées par la différence des tem-
peramens. Des qualités que l'eſ-
prit peut acquerir par l'éduca-
tion, & du pouvoir des premieres
impreſſions.

IL me ſemble, reprit le Duc,
que M. le Commandeur nous
a dit, que les bonnes & les mauvaiſes qualités de nôtre eſprit
dépendent ſouvent du temperament avec lequel nous ſommes
nez.

Cela eſt vrai, répondit le Commandeur, la plûpart des hommes agiſſent plus par humeur que

par raifon : les hommes d'un
temperament chaud & bilieux,
font ordinairement impatiens,
querelleurs, & d'une focieté incommode & difficile ; les hommes d'un temperament froid, font
d'ordinaire plus patiens, plus
doux & plus traitables.

Les efprits doux font agréables dans la focieté, & fe font aimer, parce qu'ils déferent volontiers aux fentimens d'autrui, &
que les hommes aiment ceux qui
fe conforment à leurs volontez ;
mais cette facilité va fouvent jufqu'à la foibleffe, & à fe laiffer
entraîner dans des engagemens
blâmables dont ils ont fujet de
fe repentir : & il y a des jeunes
gens qui étant nez avec un naturel complaifant, doux & facile,
tombent dans la débauche &
dans diverfes fortes de déregle-
mens, où ils ne fe feroient pas
portez d'eux-mêmes, & qui n'ont

pas la force de réfister aux occafions, aux mauvais éxemples, &
aux perfuafions de ceux qui les y
entraînent.

Les tempéramens de feu abon-
dent d'ordinaire en leur fens, &
veulent d'abord que tout cede à
leurs opinions; mais ils ont leurs
retours & leurs intervales de foibleffe & d'incertitude, & ils font
capables de fe laiffer conduire
auffi-bien que les autres lorfqu'on les connoît, & qu'on fçait
comment il s'y faut prendre.

Il y a des efprits bizares &
inégaux, qui font fort difficiles à
conduire & d'une focieté défa-
gréable, en ce qu'on ne peut prendre aucune mefure jufte avec eux.
Il s'éleve des tempêtes frequentes dans leur humeur, & il faut
que ceux qui les approchent
foient comme des Pilotes, toûjours lá bouffole à la main, pour
obferver les divers changemens

qui arrivent en eux ; il est difficile
à ceux qui sont dominez par cette
humeur impétueuse & inégale
d'y rétablir le calme & la tran-
quilité ; c'est une espece de fiévre
qui leur reprend par accès, ils
ont besoin de frequentes réfléxions & d'amis, sages, patiens &
sinceres pour arrêter leurs capri-
ces, & pour en empêcher les
mauvais effets.

Il y a des esprits naturellement
durs, infléxibles & contrarians ;
ceux-là sont mal-propres à traiter les affaires ; il y faut de la
dexterité & de la souplesse pour
les prendre par les biais les plus
faciles, & en applanir les difficultez ; au lieu d'y en faire naître par une rudesse d'humeur, &
par un esprit de contradiction,
qui ne manquent gueres d'aigrir
& d'aliener les esprits de ceux
avec qui ils traitent ; il faut leur
faire appercevoir leurs interêts

par des manieres agréables, & en témoignant de condefcendre à leurs fentimens dans les chofes qui ne font pas effentiellement contraires au but où l'on a defſein de les conduire , ce qui les engage infenfiblement à y répondre par une pareille condefcendance en d'autres chofes, qui font quelquefois plus importantes.

Il y a des efprits inquiets qui ne peuvent durer avec eux-mêmes, qui portent partout l'inquietude qui les agite, fans qu'ils en puiffent trouver la raifon : ces fortes d'efprits ont befoin de s'occuper dans les Affaires, ou à l'étude des Sciences, pour les fixer & pour remédier à ce défaut de leur tempérament. Ils reffemblent à la chaleur naturelle de nos corps, qui agit contre leur propre fubftance, lorfqu'on ne lui donne point d'aliment.

Il y a des efprits naturellement

irréfolus, qui ne peuvent fe déterminer fur rien, & qui paffent
leur vie à déliberer ; ce défaut ne
vient pas d'ordinaire de manque
de lumieres, mais de ce que leur
entendement leur découvrant
des inconvéniens dans tous les
partis qui fe prefentent, leur volonté n'eft pas affés ferme pour
en choifir aucun ; ces fortes d'efprits qui font en affés grand nombre, ont befoin de s'acquerir quelque ami fidele & décifif qui les
détermine : car il n'y a gueres
d'état plus fâcheux que celui de
l'incertitude, ni de réfolution plus
mauvaife que celle de n'en point
prendre.

Tout cela eft fort bien remarqué, reprit la Dame, mais j'at-
tens M. le Commandeur, fur les
qualitez & les lumieres qu'il nous
a dit, que l'éfprit peut acquerir
par l'éducation, par l'étude & par
l'expérience ; car pour moi je fuis

perſuadée que les hommes gar-
dent juſqu'à la mort tout les défauts avec leſquels ils ſont nez &
qu'il n'y a rien de plus inutile que
les ſoins que l'on a pris de les en
corriger ; je vois même tous les
jours que leurs défauts de tempérament, au lieu de diminuer,
augmentent avec l'âge & avec
l'expérience.

Cela n'empêche pas, Madame,
répondit le Commandeur, que
l'éducation n'ait ſur les hommes
preſques autant de pouvoir que
les inclinations qu'ils apportent en
naiſſant ; nous voïons tous les jours
des éxémples de la force des premieres impreſſions que nous
avons reçûës durant nôtre enfan-
ce ; & qui nous demeurent d'ordinaire juſqu'à la fin de nôtre vie,
ſur tout celles qui regardent les
opinions bien ou mal fondées touchant la Religion ; il eſt aiſé d'en
juger par les grandes difficultez

qu'il y a de faire revenir à la con-
noisance de la vérité ceux qui ont
été élevez dans quelque héréfie,
& par l'opiniâtreté avec laquelle
ils s'attâchent à la foûtenir jufqu'à
renoncer à leurs biens, leur patrie, leurs parens, & leurs amis,
plûtôt que de s'en défabufer; il
en eft de même des autres préventions que les hommes reçoivent durant leurs premieres années, ainfi il n'y a rien de plus
important dans la focieté, que de
prendre un grand foin de l'éducation des enfans, & de leur donner d'abord des idées juftes des
véritez, dont la connoiffance eft
néceffaire pour regler la conduite
de leur vie; & comme il n'y en
a point de fi importantes que
celles qui regardent leur falut, il
faut non-feulement les en inftruire à fonds, & avec foin, mais
encore empêcher qu'ils n'aïent
aucune familiarité avec ces efprits

faux & libertins, qui font une fotte gloire de douter de tout, & qui ont accoûtumé de plaifanter fur les véritez les plus importantes & les plus dignes d'être refpectées : il faut les regarder comme des empoifonneurs publics, fur tout ceux qui approchent des jeunes Princes deftinez à commander aux autres hommes, lorfque par leurs faux raifonnemens & par leur mauvais éxemple ils corrompent leur cœur, & font errer leur efprit dans des doutes dangéreux & mal fondez.

Mais reprit la Dame, comment pourrez-vous nous faire voir, qu'on peut par une bonne éducation & par l'étude des Sciences redreffer une tête mal faite, puifque nous penfons bien ou mal, par raport à la difpofition de nos organes & à nôtre temperament, comme vous en êtes demeuré d'accord.

CHAPITRE

CHAPITRE IX.

Que les hommes sont nez avec des dispositions à certains vices & à certaines vertus, & que l'habitude les diminuë ou les fortifie.

IL est vrai, répondit le Commandeur, que nôtre ame née libre & immortelle est si étroitement liée avec nos sens, que ses lumieres sont plus ou moins distinctes, selon la bonne ou la mauvaise disposition des organes du corps qu'elle anime, & que ses fonctions sont même quelquefois suspenduës lorsqu'elle trouve un corps mal disposé, ou qu'il arrive du désordre dans l'arrengement des divers ressorts qui le composent, comme nous le voïons durant la folie, durant les accès d'une sievre chaude, ou durant

I

l'yvreſſe: mais cela ne conclud
pas, que hors ces accidens extra-
ordinaires, nôtre ame ſoit neceſ-
ſairement entraînée par la diſpo-
ſition de la machine de nôtre
corps: il eſt vrai encore que nos
paſſions ont beaucoup de pouvoir
pour entraîner nôtre eſprit, & lui
faire prendre de mauvais partis:
Mais ſi nous nous éxaminons de
bonne foi, ſans prévention & ſans
complaiſance pour nos paſſions &
pour toutes nos foibleſſes, nous
verrons diſtinctement que cette
ſubſtance qui penſe, qui raiſonne,
qui délibere & qui réſout, peut
agir indépendament de la machine de nôtre corps, & qu'il eſt
en ſon pouvoir de la conduire où
bon lui ſemble; de même qu'un
bon Pilote conduit ſon Vaiſſeau,
malgré les orages d'une mer agi-
tée, & la reſiſtance des vents contraires; ainſi celui qui néglige de
ſe ſervir du pouvoir que ſon eſprit

a fur les mouvemens de fon corps,
reffemble à un Pilote qui aban-
donne le gouvernail de fon Vaif-
feau , pour le laiffer aller au gré
du vent contre tous les écücils
qu'il rencontre fur fa route.

Je fuppofe donc un homme qui
ne foit pas fol ou hebeté , & je
ne demande point qu'il ait un
efprit fuperieur, mais qu'il foit né
avec le fens commun , & capable
de connoître la neceffité qu'il y
a de régler fes fentimens , s'il eft
auffi attentif à retenir les mouvemens de colere & d'impatience,
qu'un temperament violent excite en lui, qu'il eft appliqué à
apprendre à parler, à chanter, à
danfer, à bien conduire un cheval ; il ne faut pas douter qu'il
ne fe rendre maître de cette paffion & de tous les autres dére-
glemens, aufquels il fe fent porté
par fon inclination naturelle, ou
par une mauvaife habitude ; & il

eſt tres ſurprenant de voir un ſi
grand nombre d'hommes occupez à ſe perfectionner, en tant
de ſortes d'Arts & d'éxercices du
corps, & en des choſes encore
moins utiles, & qu'il y en ait ſi
peu qui s'occupent à regler les
ſentimens de leur cœur & les ope-
rations de leur eſprit d'où dépendent leurs bonnes & leur mauvaiſes qualitez, & tout le trouble, ou tout le repos de leur vie.

Pour moi, répondit la Dame,
je ſuis perſuadée que les hommes
naiſſent vertueux ou vicieux.

Ils ſont nez, Madame, répondit le Commandeur, avec des
diſpoſitions à certaines vertus &
à certains vices, mais c'eſt l'habitude qui fortifie ou qui corrige
leurs bonnes ou leurs mauvaiſes
inclinations; & c'eſt pour cela
qu'on a dit que les vertus ſont
des habitudes de l'ame par leſquelles elle s'accoûtume à bien

penfer & à bien faire : il eft vrai qu'elles ne détruifent pas nos paffions, mais elles nous apprennent à les bien conduire, & elles confiftent dans le bon ufage que nous en faifons.

CHAPITRE X.

Exemple de ce que peut la difcipline & l'habitude fur les bêtes. Que les hommes ne font pas moins difciplinables, & qu'il n'y a point de vertus qu'ils ne puiffent acquerir.

IL n'y a point de foibleffes qui ne puiffent être corrigées & furmontées par une forte application ; les bêtes dépourvûës de raifonnement nous montrent ce que peut la difcipline fur elles ; le naturel des chiens les porte à courir impétueufement après leur gibier, & cependant on ap-

prend à un chien à s'arrêter dés
qu'il fent une perdrix ; on réduit
les chevaux les plus imdomptez
à fe laiffer monter, on les dreffe
pour le manége & pour la guerre,
& à faire plufieurs fortes d'exercices fort difficiles à apprendre ;
on inftruit, on aprivoife les Lions,
les Ours, & les bêtes les plus fé-
roces, & on raffûre les plus timi-
des.

Les hommes ne font pas moins
difciplinables que les bêtes, ils
font tous nez avec la crainte de
la mort & de la douleur, & ils
ne different entr'eux à cet égard
que du plus au moins ; il n'y a
point d'hommes fi brave qui ne
fe foient fentis émûs de cette
crainte les premieres fois qu'ils
ont été au combat ; cependant
comme ils ont connu la néceffité
qu'il y a de la furmonter, il s'en
trouve un tres-grand nombre qui
ont affés de pouvoir fur eux-mê-

mes, pour s'expofer à tous les
périls & à toutes les fatigues de
la guerre.

La valeur eft donc une vertu
qui fe peut acquerir, & pour marque qu'elle dépend de l'éducation
& de la difcipline autant que du
tempérament ; il n'y a qu'à con-
fidérer que les Grecs & les Romains ont été les plus braves &
les plus belliqueux de toutes les
Nations, & les plus fameux par
leurs combats & par leurs victoires, & que leurs defcendans n'ont
pas hérité de cette haute valeur
de leurs ancêtres, ce qu'on ne
peut attribuer qu'au manque d'é-
xercice & de difcipline, puifque
la nature n'eft pas différente d'elle-même dans fes productions, &
que la différence des tems ne
peut pas en apporter entre les
hommes qu'elle a fait naître fous
les mêmes climats.

Je vous citerai encore un éxem-

I iiij

ple, qui prouve fans replique,
que la valeur s'acquiert par l'habitude & par la difcipline ; il n'y
a pour en juger qu'à remarquer
la différence qui fe trouve entre
des troupes reglées accoûtumées
à combatre, & des troupes nou-
vellement levées ; ces dernieres
ne tiennent prefques point contre les premieres ; cependant les
unes & les autres font d'ordinaire
compofées d'hommes de la même Nation, & fouvent de la même contrée ; & lorfque ces Mili-
ces toûjours prêtes à s'enfuïr ont
fait quelques campagnes, elles
acquierent la même valeur que
les vieilles troupes, dont elles fui-
vent l'éxemple.

Si la difcipline peut donc faire
acquerir aux hommes une vertu
auffi difficile que l'eft celle qui
les porte à s'expofer à la douleur
& à la mort, qui font les deux
chofes pour lefquelles la nature

leur a imprimé le plus d'horreur;
il n'y a point d'autres vertus que
la même difcipline ne puiffe leur
faire acquerir, avec plus de facilité lorfqu'ils voudront bien s'y
appliquer.

Cela me paroît convaincant,
dit le Duc, mais puifqu'il eft poffible de vaincre nos paffions &
nos autres foibleffes, je fupplie
M. le Commandeur, de nous dire
quels font les moïens les plus
propres pour produire cet effet.

CHAPITRE XI.

Qu'il y a deux moïens dont les hom-
mes fe fervent pour réfifter à leurs
paffions & à leurs foibleffes. Que
c'eft du dernier de ces moïens que
naiffent toutes les vertus qui dé-
pendent de nôtre volonté.

IL y a, répondit le Commandeur, deux Moïens differens
dont les hommes fe fervent pour

L v.

combatre leurs paſſions; celui qui
eſt d'un plus grand uſage parmi
eux, eſt d'oppoſer une paſſion à
une autre, comme lorſque la
crainte de la mort les porte à
fuïr les occaſions de péril, où leur
devoir les engage : ils appellent
à leur ſecours la honte qu'ils ont
attachée à la fuite & la crainte
d'être deshonorez, & ces deux
dernieres paſſions ſont ſouvent
aſſés fortes pour ſurmonter la
premiere; il arrive auſſi ſouvent
qu'elles combattent entr'elles, &
ſe vainquent alternativement, ce
qui met alors l'ame dans une vio-
lente agitation.

Il en eſt de même des autres paſſions: le penchant naturel que
pluſieurs hommes ont à diverſes
ſortes d'amuſemens & de plaiſirs,
eſt ſouvent corrigé par l'amour
des honneurs & des richeſſes; &
le déſir qu'ils ont d'en acquerir,
les applique au travail contre leur

inclination ; on remarque encore que la plûpart des hommes ont une paſſion favorite à laquelle ils aſſujettiſſent toutes leurs autres paſſions ; ainſi l'ambitieux ſacrifie ſouvent ſa ſanté, ſon repos, ſes plaiſirs, & tout ce qu'il a de plus cher, au deſir violent qu'il a de s'élever.

Le ſecond Moïen que les hommes emploïent pour vaincre leurs foibleſſes, eſt celui qu'ils tirent des ſeules forces de leur raiſon, qui ſe détermine ſur des jugemens fermes & ſolides, & ſur une connoiſſance diſtincte & certaine de ce qui eſt bon, & de ce qui eſt mauvais, & c'eſt de ce dernier moïen que naiſſent toutes les vertus qui dépendent de nôtre volonté.

Y a-t-il quelque vertu qui ne ſoit point ſoûmiſe à nôtre volonté, reprit le Duc ?

I vj

CHAPITRE XII.

Que la prudence est une vertu de notre entendement & de ses differentes fonctions. Regle pour juger si le choix que nous faisons dans nos actions ordinaires est bon ou mauvais.

OU y, répondit le Comman-
deur, la prudence est une
vertu de l'entendement, & elle
a trois fonctions principales, qui
sont, de connoître, de prévoir &
d'agir avec dextérité.

Sa connoissance s'applique à
discerner la verité d'avec l'erreur, la fausseté, le déguisement
& le mensonge, à connoître le
bien & le mal dans tous leurs
degrez & dans toutes leurs cir-
constances, à distinguer les choses honnêtes de celles qui ne le
font pas, & à appercevoir les

differentes efpeces de foiblesses
& de ridicule dans lesquelles les
hommes ont accoûtumé de tomber.

Sa prévoïance s'applique à pé-
netrer dans l'avenir, & à juger
des effets que doivent produire
les caufes qui lui font connuës,
& fon induftrie s'emploïe à éviter les malheurs qu'elle prévoit,
& à bien conduire fes defleins
pour parvenir à la fin qu'elle s'eft
propofée.

Ces trois différentes fonctions
que vous donnez à la Prudence,
reprit la Dame, ne dépendent-
elles pas de la bonne difpofition
de nos organes.

Sans doute, répondit le Commandeur, mais elles dépendent
auffi beaucoup de nôtre étude,
de nôtre expérience, & des réfléxions que nous faifons fur celle
d'autrui. Cela eft fi vrai, qu'entre
deux hommes nez avec les mê-

mes difpofitions à la prudence, celui qui aura vieilli dans la conduite des affaires, fera infiniment au-deffus de celui qui n'y aura eu aucune application, & le furpaffera en l'art de connoître, de prévoir & de fe bien conduire.

Les hommes qui ont long-tems vécu, font beaucoup plus prudens que ceux qui font dans la jeuneffe, parce qu'ils ont fait plus de réfléxions fur les divers événemens qui leur font connus, & que leur expérience leur apprend à éviter les malheurs qui les menacent, joint que l'âge diminuë en eux la vivacité des paffions qui entraîne les jeunes gens dans de mauvais choix.

Ne pourroit-on point trouver quelque regle, reprit le Duc, qui pût nous fervir à juger avec certitude, fi le choix que nous faifons dans nos actions ordinaires eft bon ou mauvais.

Il me semble, répondit le Commandeur, que l'un des plus sûrs
moïens pour parvenir à cette connoissance, est de nous consulter
pour apprendre de nous-mêmes,
quelles sont les actions qui ne
nous donnent du plaisir que dans
le moment que nous les faisons,
& celles dont le plaisir dure long-
tems après les avoir faites.

Lorsque nous aurons distingué
toutes nos actions en ces deux
classes differentes, il ne nous sera
pas difficile de conclure, que celles qui nous causent des plaisirs
durables sont infiniment au-dessus de celles dont le plaisir ne
dure que peu de momens, & nous
connoîtrons ensuite, que nos
sens ne nous donnent que de ces
plaisirs passagers & d'une courte
durée, & que la pratique des
vertus & les bonnes actions nous
donnent un plaisir durable, par
la satisfaction que nous avons de

les-avoir faites, par les applaudiſ-
ſemens & l'eſtime qu'elles nous
attirent des autres hommes, &
par les grandes récompenſes qu'-
elles nous aſſûrent dans l'éter-
nité.

Pour venir à l'application de
cette maxime, conſiderons l'état
d'un homme qui a paſſé ſa vie
dans les occupations frivoles du
jeu, des ſpectacles, & des differentes eſpeces d'amuſemens, que
lui en reſte-t-il pour tout fruit?
Un juſte repentir d'avoir ſi mal
emploïé le tems dont il pouvoit
faire tant de bons uſages.

Conſiderons d'ailleurs un homme ſans ceſſe appliqué à remplir
tous ſes devoirs, à exercer les
plus grandes vertus chrétiennes
& morales, charitable, humble,
modeſte, patient, génereux, bienfaiſant, équitable, doux, civil,
honnête, qui s'eſt ſignalé dans
ſa profeſſion ; ſi c'eſt dans les ar-

mes, par de grandes actions de valeur & de bonne conduite ; fi
c'eft dans la magiftrature, par une
integrité fans tache, qui a foû-
tenu le bon droit du foible contre
la faveur & l'iniquité du plus
puiffant, fi c'eft un Ecclefiaftique,
par fon humilite, par fa modeftie,
par fon zele & par fa charité pour
fon prochain, qui a diftribué aux
pauvres les biens de l'Eglife, qui
font leur véritable patrimoine,
& non pas de ceux aufquels ils
ne font confiez que pour les bien
adminiftrer ; qui les a confolez
dans leurs afflictions, qui a corrigé, qui a inftruit les riches &
les hommes puiffans, auffi-bien
que les pauvres & les foibles, par
fes difcours & par fes éxemples:
il n'eft pas difficile de juger lefquels doivent être plus contens,
de leur état entre ceux qui ont
mené deux genres de vie fi differentes.

Examinons plus en détail cette multitude d'hommes fenfuels, qui ne fe font occupez qu'à goûter differentes fortes de plaifirs, à en chercher, à en inventer de nouvelles efpeces ; les uns à rafiner fur la nouveauté & la richeffe des habillemens, des meubles, & des équipages ; les autres fur la délicateffe des viandes & des liqueurs, & à s'irriter le goût & l'appetit par mil ragoûts bizares & nuifibles à leur fanté ; d'autres à s'épuifer en de vaines curiofitez, & en tout ce que le luxe, la volupté & la moleffe ont invénté, pour tourmenter les foibles mortels, & enfin à fatisfaire à tous les défirs de leurs imaginations déreglées.

Confiderons enfuite ceux qui ont mené une vie fimple & frugale, & qui aïant fçû quelques familles vertueufes dans le malheur & dans l'oppreffion, ont

pris plaifir à les en relever, qui
ont païé les dettes de ces autres
malheureux, retenus fans aucun
autre crime que leur impuiffance
dans de dures prifons, qui ont
nourri & revêtu un grand nombre de pauvres dans des tems de
difette, qui voïant leurs debiteurs
dans la mifere, leur ont remis li-
beralement ce qu'ils leur de-
voient, & leur ont donné les
moïens de fe rétablir, & de faire
fubfifter leurs familles: on trouvera fûrement que les premiers
n'ont joüi que de plaifirs courts
& paffagers, qui ont été fouvent
mêlez ou fuivis de dégoûts &
d'amertumes ; qu'ils ont mené
une vie inquiete dans leurs vaines occupations, & que les derniers ont trouvé dans leurs bonnes œuvres, une fatisfaction foli-
de & durable, & une paix inté-
rieure, qui accompagne toûjours
l'homme jufte, & qui récompenfe

ſes bonnes actions dés cette vie.

Il eſt donc aiſé de conclure, que les plaiſirs des ſens ſont fort au-deſſous de ceux que donne la pratique des vertus, puiſque l'expérience nous apprend qu'il n'y a que les plaiſirs intellectuels, qui ſoient des plaiſirs durables, & qui puiſſent nous rendre véritablement heureux.

Je goûte, dit la Marquiſe, la douceur des plaiſirs intellectuels en entendant raiſonner M. le Commandeur, mais il veut bien que je lui demande ſi la prudence, dont il nous a ſi bien expliqué tous les effets, ne nous oblige pas ſouvent de diſſimuler nos véritables ſentimens, & ſi la diſſimulation qui regne ſi fort dans le monde eſt un vice ou une vertu.

CHAPITRE XIII.

De la dissimulation, si c'est un vice ou une vertu. En quoi consiste la veritable Habileté. Exemple d'un sage & habile Ministre. Qualités necessaires à un habile Ministre.

JE croi Madame, répondit le Commandeur, qu'il y en a de deux sortes : l'une vitieuse, qui n'a pour but que de tromper ; l'autre judicieuse, prudente, & necessaire, lorsqu'il s'agit de ne pas dire certaines véritez à ceux qui pourroient en faire un mauvais usage, ou de cacher à nos ennemis les desseins que nous formons pour nous mettre à couvert de leurs insultes & de leurs injustices.

La principale maxime d'un de nos Rois * qui a passé pour un

* Louis XI.

grand politique, & qui la laiſſa à ſon fils pour regle de ſa conduite, étoit que, *qui ne ſçait diſſimuler ne ſçait point regner.* La diſſimulation eſt néceſſaire juſqu'à un certain point aux hommes conſtituez en authorité, pourvû qu'ils en ſçachent faire un bon uſage.

Il faut qu'ils apprennent à ſe rendre maîtres abſolus d'eux-mêmes & de tous les mouvemens de leur viſage, auſſi-bien que de ceux de leur eſprit & de leur humeur, afin de ne point laiſſer appercevoir à ceux qui les obſervent ſans ceſſe les réſolutions qu'ils ont priſes pour le bien de l'Etat, que Dieu a confié à leur conduite.

Mais ſi ces réſolutions ſont juſtes, dit la Dame, pourquoi les cacher avec tant de ſoin.

Parce que les plus juſtes ſont traverſées comme les injuſtes,

dés qu'elles font découvertes,
répondit le Commandeur ; cela
vient de ce que la plûpart des
hommes fe conduifent plus ordinairement par des raifons d'interêt, que par les régles de la
juftice ; ainfi quelque jufte que
foit une réfolution, il fuffit que
quelqu'un fe croïe intereffé à en
empêcher l'effet pour l'obliger
a s'y oppofer, ce qui rend le fe-
cret abfolument néceffaire à l'é-
xecution des grands deffeins,
& celui qui n'a pas l'art de les
cacher & d'empêcher qu'on ne
les pénetre, eft incapable de gou-
verner quelques belles qualitez,
& quelque capacité qu'il puiffe
avoir d'ailleurs ; mais s'il diffi-
mule pour une mauvaife fin &
pour pouvoir fatisfaire plus fûrement des paffions injuftes &
déreglées, comme font la haine,
la vengeance & le defir d'envahir
le bien d'autrui fous de fauffes

apparences du bien public, &
s'il emploïe de fausses promesses
& des démonstrations d'amitié,
feintes pour abuser ceux qu'il a
dessein d'opprimer ; cette espece
de dissimulation est odieuse, &
devient alors ce qu'on appelle
fourberie, qui est non seulement
toûjours vicieuse & blâmable,
mais que je tiens encore fort contraire à la véritable habileté.

Je voudrois bien, reprit le
Duc, que M. le Commandeur
nous dit en quoi il l'a fait consister.

Je crois, répondit le Commandeur, que l'habileté consiste
principalement à bien choisir &
à bien conduire nos desseins ; que
pour les bien choisir, il faut n'en
former que de justes & proportionnez à nos forces, & que pour
les bien conduire, il faut n'emploïer que de bons moïens pour
les faire réüssir.

Lorsque

Lorſque quelqu'un ſe ſert de mauvais moïens pour venir à ſes fins, c'eſt parce que ſon eſprit n'a pas aſſés d'étenduë pour choiſir les bons ; la fourberie eſt une marque de la petiteſſe de l'entendement de celui qui la met en pratique, on demeure d'accord qu'elle le fait ſouvent réüſſir, mais toûjours moins ſo‑lidement que la véritable habi‑leté, ceux qu'il a trompez ont la haine & la vengeance dans le cœur contre lui, & ils ne man‑quent pas de lui en faire ſentir des effets quand ils ne feroient que le décrier dans le public, parce que ſa mauvaiſe foi connuë fait un préjudice conſidérable aux affaires qu'il a à traiter dans la ſuite. Ainſi c'eſt une des erreurs du vulgaire, que de croire qu'il faut qu'un grand Miniſtre, & un habile Negotiateur ſoit un grand Maître en l'art de fourber.

K

Un habile Miniſtre trouve
l'interêt de celui avec qui il
traite, il le lui fait connoître, il
l'en convainc; & après le lui
avoir montré, il trouve les
moïens de l'accorder avec les interêts dont il eſt chargé, & il
emploïe ſon induſtrie à les faire
proſperer conjointement : il acquiert par cette voïe, l'eſtime
& la confiance de ceux avec qui
il a traité, & cette eſtime &
cette confiance lui facilite les
moïens de réüſſir dans les autres
affaires qui ſont remiſes à ſa conduite.

Si vous voulez que je vous le
prouve par un éxemple, je vous
en citerai un qui me paroît fort
propre pour cela; c'eſt celui du
Cardinal d'Oſſat; c'étoit un
homme d'une probité éxem-
plaire, toûjours véritable dans
ſes paroles, doux, honnête, modeſte, humble, ſimple dans ſes

manieres; mais d'un grand sens
& d'une véritable habileté; il
étoit de la plus basse naissance,
sans appui que de sa vertu & de
ses lumieres; cependant il s'éleva
à la dignité de Cardinal par le
plus grand service qu'on pût rendre alors à la Religion & à l'Etat;
les plus habiles Ministres de son
tems, des Princes & des Ambas-
sadeurs du premier rang, avoient
tenté en vain de réconcilier le
Roy Henri le Grand avec le
Saint Siege, D'Ossat n'étoit alors
que Secretaire de l'Ambassade
de France, dont l'Ambassadeur
mourût à Rome; il entreprit ce
grand Ouvrage, & il y réüssit
avec l'applaudissement des deux
partis, en leur montrant les com-
muns interêts qu'ils y avoient:
il entretint depuis une bonne
correspondance entre le Saint
Siege & le Roy son maître, il
rendit d'autres grands services à

l'Etat, tant à Rome qu'auprès
de divers autres Princes & Etats
d'Italie , & sa droiture qui lui
attira l'estime & la confiance de
son Prince & de ceux avec qui
il traitoit, fit toûjours le principal fondement de son habileté.

Lorsque je dis qu'un Ministre
ne doit point être fourbe, je ne
prétens pas le dénüer des ressources qu'il doit trouver dans la dexterité & dans les lumieres de son
esprit;jeprétens au contraire,qu'il
soit fécond, en expédiens pour
faire prosperer les affaires que son
Prince lui confie, & pour dissiper
les obstacles qui s'opposent à ses
grands desseins, qu'il sçache s'in-
sinuer dans les esprits de ceux
dont il a besoin & s'acquerir leur
inclination : car c'est une des plus
grandes marques d'un esprit bien
fait & d'une véritable habileté,
que de se rendre agréable à ceux

avec qui on traite.

Il suffit pour n'être pas fourbe qu'il ne soit point menteur, qu'il soit exact à observer toutes ses paroles, & qu'il ne promette rien au nom du Prince, non plus qu'au sien, qu'il ne soit en pouvóir & en volonté de le faire exécuter ponctuellement ; il n'est pas d'ailleurs obligé de dire des véritez qui pourroient causer quelque préjudice aux affaires que son Maître lui confie, sa fidelité qui est son premier devoir, l'engage à les exposer par le plus beau côté, à faire valoir sa puissance, à dissimuler & à couvrir les foiblesses de son état, joint qu'en rétississant dans ses desseins, il répare souvent ces foiblesses, & trouve les moïens de les faire cesser.

CHAPITRE XIV.

Difference qui se trouve entre la conduite des affaires generales d'un Etat & celle des particuliers. Que la fortune aveugle presque tous les hommes qu'elle éleve. Réfléxions utiles aux hommes élvez, pour éviter de tomber dans cet aveuglement.

IL y a, continua le Commandeur, cette diftinction à faire entre la conduite des affaires generales des Etats & de celles des Particuliers : que ces derniers font affujetties aux Loix & aux Coûtumes des Païs où nous vivons, aufquelles il faut fe conformer néceffairement pour ne fe pas écarter des régles du devoir & de la bienféance, & que les premieres fe traitant entre les Souverains, ne font pas foûmifes à

des regles fi étroites, ni fi certaines, & ne reconnoiffent d'ordinaire que celles de l'intereêt
public, qui devient une Loi pour
les Princes, & pour ceux aufquels
ils commettent le foin de leurs
affaires, parce que le falut & le
repos de tout l'Etat y eft attaché.
Ce n'eft pas que cet intereêt ne
doive être reglé par la juftice,
tant à l'égard des Sujets que des
Etrangers ; mais cette juftice n'a
pas des regles toûjours fixes,
comme celles de la juftice ordinaire, parce que les grands befoins d'un Etat, & les périls dont
il eft menacé par les forces &
les artifices de fes ennemis, dif-
penfent quelquefois de les fuivre;
mais il faut que ces befoins foient
bien réels avant que d'y admet-
tre cette exception ; & il eft à
fouhaiter qu'un Prince ou un
Miniftre ne s'écarte en cela que
le moins & le plûtard qu'il peut,

de la Pratique des Vertus morales, & qu'il tâche toûjours d'accorder avec elles les maximes de
sa politique.

Toutes ces observations me
paroissent très-justes, dit la Marquise, & il seroit à souhaiter que
tous les Ministres des grands
Princes se missent en état d'en
profiter.

Il n'y a pas d'ordinaire reprit
le Commandeur, de conseils
mieux perdus ni plus inutiles, que
ceux qu'on donne aux hommes
que la fortune a élevez dans ces
sortes d'emplois, ils mesurent
presque tous l'opinion de leur
capacité sur le degré de leur crédit ; il leur persuade facilement
qu'ils ont un génie superieur à
tous ceux qu'ils voïent au-dessous
d'eux & lorsqu'ils ont effectivement des lumieres plus étenduës que celles des autres hommes, leur prosperité ne manque

gueres de les obfcurcir.

C'eſt ce que * l'un des plus beaux génies de l'Antiquité exprime ingénieuſement, lorſqu'il dit, *que la fortune met un voile devant les yeux de celui qu'elle accompagne & qu'elle l'ôte en ſe retirant.*

Cette penſée me paroît tres-agréable, reprit la Marquiſe, mais je voudrois bien ſçavoir de quelle maniere on peut ôter ce voile, avant que la fortune ſe retire, ou plûtôt comment il faut l'empêcher de le mettre devant les yeux de celui qu'elle conduit.

Un homme aſſés ſages pour cela, répondit le Commandeur, doit conſiderer que les lumieres de l'Homme du monde le plus éclairé, ont des bornes fort étroites, & qu'il doit chercher à les augmenter par le ſecours de celles d'autruy, ſans prétendre tirer

* Platon.

K v

tout de ſon propre fonds, que
le rang ou la faveur du Prince
l'a élevé, eſt non-ſeulement envié
de quantité de gens, mais qu'il
pourroit être dignement rempli
par d'autres auſſi-bien que par
lui, quelque capacité qu'il puiſſe
avoir ; & qu'au lieu d'exciter leur
reſſentiment & leur chagrin par
des manieres d'agir dures & hautaines, il doit travailler à le diſ-
ſiper, en leur montrant par une
conduite juſte, honnête & bien-
faiſante qu'il eſt véritablement
digne de ſa fortune.

Il doit encore conſidérer, qu'il
n'a pas trop de ſujet de ſe glo-
rifier d'une diſtinction en laquelle le hazard, l'inclination,
ou l'habitude du Prince ont d'ordinaire autant de part que ſon
mérite : que cette faveur eſt une
choſe paſſagere, étant dépen-
dante de la volonté d'autrui, qui
eſt ſujette à changer en l'homme

le plus ferme ; & quand même il feroit affûré que fes excellentes qualitez le rendent néceffaire au Prince,& que le Prince eft affes éclairé pour les connoître, & affés conftant pour ne point changer de fentiment à fon égard, s'il eft capable d'en concevoir de lorgüeil : ce défaut l'en rend moins digne, & augmente néceffairement le nombre des mécontens de fa conduite, qu'il a grand interêt de diminüer autant qu'il eft en fon pouvoir.

Je ne crois pas qu'il foit poffible à un Miniftre, dit la Dame, d'éviter de faire beaucoup de mécontens.

CHAPITRE XV.

Avis utiles touchant la conduite particuliere des Miniftres.

JE ne parle auffi, répondit le Commandeur, que d'en dimi.

nüer le nombre; & il y réüſſira
ſans doute, s'il a une ferme ré-
ſolution de faire tout le bien qui
dépend de lui, & d'éviter autant
qu'il lui eſt poſſible de faire du
mal, s'il joint aux graces & aux
bienfaits qu'il procure les démon-
ſtrations qui peuvent contribüer
à en augmenter la reconnoiſſance
dans le cœur de ceux qui les
reçoivent, s'il ne perd pas une
partie du mérite de ſes bienfaits,
en obligeant de mauvaiſe grace
& avec des manieres rude & mal
polies; & ſi lors qu'il eſt obligé
de refuſer les graces qu'on lui
demande, il le fait avec honnêteté & en témoignant du déplaiſir de ce refus.

Il faut encore qu'il ne ſe rende
pas d'un trop difficile accès, ſoit
par rudeſſe d'humeur, ou par
orgüeil, & par une fauſſe grandeur qui rend odieux celui qui
l'affecte.

Un Miniftre public, pourfuivit le Commandeur, doit régler toutes fes occupations, en forte qu'il ait des heures deftinées à écouter tous ceux qui ont quelque juftice ou quelque grace à lui demander, afin de ne les pas faire languir inutilement à fa fuite, & il doit les écouter tranquilement, fans chagrin & fans impatience, & leur répondre avec douceur & avec honnêteté.

Il ne faut pas auffi qu'il fuive la mauvaife maxime de certains Courtifans, qui croïent qu'il fuffit d'avoir un bel exterieur, un abord ouvert, doux & facile, & de donner de belles efpérances à tous venans, fans intention de rien executer de ce qu'ils laiffent efperer. C'eft une voie fûre de fe décrier, fur tout parmi les gens d'efprit qui ne font pas long-tems à s'en défabufer; il eft bien plus honnête & même plus commode

de les détromper promptement,
& de se délivrer de leurs sollici-
tations importunes, que de les
entretenir dans leurs erreurs, &
leur faire consommer un tems,
qu'ils perdent avec chagrin, &
qu'ils pourroient emploïer ailleurs utilement.

Cela me fait souvenir de ce
que j'ai lû quelque part, que
l'Empereur Charles quint étant
un jour sollicité par un Espagnol
de lui accorder quelque bienfait,
il le lui refusa sur le champ, sur-
quoi le Suppliant lui fit un remer-
ciment de la grace qu'il venoit
d'en recevoir. Je ne vous ai pas
accordé ce que vous m'avez demandé, lui dit l'Empereur, qui
croïoit qu'il l'avoit mal entendu,
aussi n'est ce pas de cela que je vous
remercie, lui repliqua l'Espagnol,
mais de m'avoir refusé promptement
& de m'avoir épargné la dépense &
le chagrin que j'aurois essuïé en une

longue follicitation qui mauroit été innutile, ce qui plût fi fort à l'Empereur, qu'il dit enfuite à cet Efpagnol, je vous accorde la grace que vous m'avez demandé, parce que la réponfe que vous m'avez faite, me perfuade que vous la merités.

Une des plus importantes applications d'un Miniftre, continua le Commandeur, & qui eft fouvent la plus négligée, eft de bien choifir les Sujets qui doivent travailler fous fes ordres pour le fervice de l'Etat, s'il les emploïe par les feules confiderations de parenté & d'alliance, ou par complaifance pour fes amis qui les lui recommandent, fans avoir tout l'égard néceffaire à leurs qualitez perfonnelles, & fans fe donner le foin d'éxaminer par lui-même, fi leur capacité répond à la difficulté de leurs emplois ; il a fouvent le déplaifir

de voir périr par leur faute les
entreprises & les affaires qu'il
leur confie. Combien de grands
desseins bien conçûs & bien con-
certez ont-ils manqué, par la
mauvaise conduite & par l'incapacité de ceux à qui on en a confié l'execution; combien de négotiations importantes ont-elles
échoüé pour y avoir emploïé des
Sujets imprudens, indiscrets, interessez, vains, débauchez, in-
appliquez, sans génie, & incapables de les conduire avec la
dexterité, le secret, & la bonne
conduite, si nécessaire en ces sortes d'emplois?

Si un bon Ouvrier entrepre-
noit de faire un ouvrage fort délicat & fort difficile avec des in-
strumens grossiers, & qui ne fus-
sent pas destinez à cette sorte
d'ouvrage, quelque adroit qu'il
fût, il ne seroit pas surprenant

qu'il ne pût y réüffir , il faut donc qu'un habile Miniftre ne propofe à fon Prince que des Sujets dont il connoiffe la fageffe & la capacité , & fur lefquels il puiffe fe repofer de l'execution des grands deffeins qui font confiez à fa conduite.

Il faut pour cela qu'il cherche tous les meilleurs ouvriers en chaque forte d'affaire pour les y emploïer, de même qu'il cherche & qu'il préfere les meilleurs Peintres & les meilleurs Sculpteurs , lorfqu'il veut avoir quelque chofe de parfait en ces fortes d'Arts, ce qui eft d'une conféquence fort inférieure à celle de la conduite des affaires, defquelles dépend le bonheur ou le malheur d'un Etat. Et s'il m'eft permis d'ufer d'une baffe comparaifon qui me paroît fignificative, il feroit beaucoup moins imprudent de charger un Marêchal ferrant, de faire

une bonne Pendule, ou une Mon-
tre fort délicate aufquelles il
n'auroit jamais travaillé, que
d'emploïer un homme de peu
d'efprit & ignorant des affaires
publiques, à negotier quelque
traité important avec un Prince,
ou un Etat étranger.

Le Miniftre qui n'a pas ces
égards dans le choix qu'il fait,
manque lui-même de conduite,
& pêche contre fon devoir, en
expofant les affaires de fon Maître & le repos de l'Etat ; & il agit
encore contre fes propres interêts, puifque les mauvais fuccès
retombent d'ordinaire fur lui, &
qu'il eft garand de l'incapacité &
des fautes commifes par ceux
qu'il emploïe.

Un fage Miniftre doit encore
s'appliquer à s'acquerir un petit
nombre d'amis choifis entre les
plus habiles de differentes profeffions, capables de lui donner

de bons conseils dans les occasions importantes. Il en a d'autant
plus de besoin, que le poids &
le détail du grand nombre d'affaires qui l'occupent sans cesse,
ne lui laissent pas le tems de tirer
de ses propres lumieres toutes les
ressources qui lui sont necessaires:
ainsi il n'y a point de Ministre,
quelque éclairé qu'il puisse être,
qui ne tire de grands secours pour
lui & pour l'état, des conseils
de ce petit nombre d'amis lorsqu'il a sçû les bien choisir.

Il faut sur tout qu'il en ait qui
sçachent penser, je veux dire,
dont l'esprit ait assés d'étenduë
pour lui fournir des vûës & des
expédiens propres à former &
à faire réüssir de grands desseins,
que ses amis soient assés sinceres
& assés fermes pour l'avertir des
défauts qu'on remarque dans sa
conduite, afin de lui donner les
moïens de la redresser, & qui

foient aſſés zelez & aſſés habiles pour faire valoir les ſervices qu'il rend au Prince & à l'Etat, & pour empêcher que le Public n'explique mal ſes bonnes intentions.

Les opinions bonnes ou mauvaiſes que le Public prend de la conduite d'un Miniſtre lui ſont plus importantes qu'il ne penſe ; elles paſſent de bouche en bouche , & elles ſont ſouvent capables de le ſoûtenir, ou de le rüiner auprès du Prince qu'il ſert.

Mais dit la Dame, où eſt-ce que ce ſage Miniſtre trouvera de ces amis habiles, ſinceres , fermes & zelez ? ſera ce parmi ce grand nombre de Courtiſans ambitieux & empreſſés, qui l'obſedent ſans ceſſe, qui ſont accoûtumés dés leurs premieres années à la flaterie , au déguiſement & au menſonge , qui regardent les

foins qu'ils lui rendent, comme
un moïen de contenter leurs défirs déreglés, & dont l'amitié
fauffe & fardée, ne dure qu'autant que fon crédit & fa profperité

Il faut, répondit le Commandeur, qu'il les cherche parmi des
hommes d'une probité & d'une
capacité reconnuë ; il n'y a point
de Païs qui n'en fourniffe un petit
nombre de cette efpece ; mais il
ne faut pas attendre qu'ils viennent s'offrir ; il faut que le Miniftre ou le favori leur faffe connoître qu'il défire leur amitié,
dans le deffein d'en faire ufage
pour le bien public & pour le
fien particulier : fa fierté n'a
rien à fouffrir en cela, puifqu'il
n'y a point de concurrence entre
lui & ce petit nombre de particuliers, dont la réputation avan-
tageufe les rend dignes de fon
eftime & de fa confience, & que

c'eſt à lui à les attirer & à leur faciliter auprès de lui un libre accès, s'il veut faire Uſage des ſecours qu'il peut tirer de leurs lumieres & de leurs bonnes intentions, & s'il veut n'être pas trompé en choiſiſant ce petit nombre d'amis ſûrs & habiles : il faut qu'il ſe conforme à la voix publique, qui ne ſe trompe gueres dans le jugement qu'elle en fait ; ſi au contraire il ſe livre à ceux qu'il trouve ſous ſa main ſans les bien connoître, comme il arrive d'ordinaire par habitude ou par pareſſe, pour éviter l'embarras de bien choiſir, il porte tôt ou tard la peine de ſon mauvais choix.

Voilà, dit la Marquiſe, des conſeils qui me paroiſſent ſi ſages & ſi utiles, qne ſi j'ai jamais quelque parent, ou quelque ami dans la faveur, ou dans le miniſtere, je veux les lui donner par écrit,

& les lui faire lire plus d'une fois, quelque occupé qu'il puiſſe être, afin qu'il ne ſe laiſſe pas aveugler à la préſomption, à lorgüeil, & à l'entêtement ſi ordinaires aux hommes élevés dans de grands emplois, & qu'il tire de-devant ſes yeux ce voile dont parle cet ancien, qui l'empêche de voir les choſes comme elles ſont.

Mais je voudrois bien, ajoûta la Marquiſe, que M. le Commandeur nous dit encore ſi toutes les belles qualités & toutes les précautions qu'il nous a ſi bien déduites, ſuffiſent pour acquerir l'eſtime des hommes & ſi le penchant qu'ils ont à l'envie, ne produit pas ſouvent dans leurs cœurs un effet tout contraire à celui qu'elles y devroient produire.

CHAPITRE XVI.

Que les vertus & les belles qualités
ne suffisent pas toûjours pour
faire aimer & estimer ceux qui
les possedent. Moïens pour obtenir
l'estime des hommes.

CEtte réflexion, Madame,
reprit le Commandeur, est
très digne de la justesse de vôtre
discernement ; & nous ne voïons
que trop souvent, qu'un mérite
éclatant produit les mauvais effets que vous avés si bien remar-
qués : il ressemble aux raïons du
Soleil, dont les yeux foibles ne
peuvent supporter l'impression ;
il faut y accoûtumer les hommes
avec qui on doit vivre, en les
interressant à rendre justice aux
bonnes qualités de celui qui les
possede, parce que l'attention
continuelle qu'ils ont sur eux-
mêmes

mêmes fait qu'ils rapportent
presques toutes leurs actions &
tous leurs jugemens à leurs interêts : de-là vient que les parties
& les societez contribüent beaucoup à étendre la reputation de
ceux qui ont l'adresse de les former, parce que tous ceux qui y
entrent, se croïent interessez à
en dire du bien, au lieu qu'il y
a peu d'hommes assés équitables
pour loüer ceux qui négligent de
leur plaire, & ils croïent faire
beaucoup s'ils n'en médisent
pas.

Cependant, dit la Dame, l'estime peut subsister avec la haine
dans un esprit équitable, & nous
sentons tous les jours que nous
conservons nôtre estime à nos
plus grands ennemis lorsqu'ils la
méritent.

Cela est vrai, répondit le Commandeur, mais ce n'est qu'une
estime interieure qui ne se pro-

L

duit gueres, au lieu que celle qui
eſt accompagnée de quelques
liaiſons d'intereſt, d'amitié ou de
reconnoiſſance, aime à ſe mani-
feſter.

Jai remarqué, pourſuivit le
Commandeur; que la plûpart des
hommes que la fortune éleve au-
deſſus des autres, ont de deux
ſortes de réputations oppoſées,
& qu'il y en a peu dont on ne
diſe beaucoup de bien & beaucoup de mal : j'en ai cherché les
raiſons & j'ai trouvé que cela
vient de ce qu'ils ont effectivement pluſieurs vertus & pluſieurs
défauts ; que ceux qui ſont intereſſez à en dire du bien, ne
conſiderent en eux que leurs bonnes qualitez, & que ceux qui les
haïſſent ou qui ſont dans des interêts contraires, n'obſervent
que leurs foibleſſes pour les faire
remarquer ; & il ſe trouve dans
le fonds, qu'ils diſent vrai les uns

& les autres, quoiqu'ils en fassent des tableaux fort differens.

Je supplie M. le Commandeur, reprit le Duc, de nous dire quels sont les meilleurs moïens qu'un homme de mérite puisse mettre en usage pour engager le Public à lui rendre justice.

Je crois, répondit le Commandeur, qu'il faut pour cela qu'il s'applique à acquerir l'estime & l'amitié de ceux dont la réputation est avantageusement établie dans le Païs qu'il habite ; toutes les Cours, les Republiques, les Villes, les societez, ont un certain nombre d'hommes distinguez par leur sagesse, leurs vertus, & leurs bonnes actions, dont les témoignages entraînent l'opinion du Public : il faut qu'il les engage par ses soins, par ses bons traitemens, & même par ses respects à publier ce qu'il vaut, & à prévenir en sa faveur ceux aufquels il eft encore inconnu; ce font ces heureufes préventions qui contribüent beaucoup à étendre en fort peu de tems la réputation d'un homme de mérite, en ce qu'elles lui épargnent la peine de le développer aux yeux de ceux que fes Amis ont prévenus en fa faveur, & qu'il lui eft bien plus aifé de les confirmer dans ces fentimens, que de les leur faire naître, joint que fa modeftie doit toûjours laiffer le foin aux autres de le faire valoir.

Il ne fuffit pas encore qu'il fe rende aimable par les agrémens & par les complaifances de fon Efprit; il faut qu'il prenne plaifir à loüer en autrui ce qu'il y trouve de loüable; s'il veut que les autres en prennent à lui rendre la même juftice, qu'il foit commode & indulgent à excufer les défauts de ceux avec qui il eft

en commerce, à souffrir leur bi-
zareries, leurs irregularitez &
leurs injustices ; & s'il entreprend
de les en corriger, il faut que ce
soit avec bien des égards & des
ménagemens ; car les hommes
fuïent naturellement ceux qui
s'opposent à leurs passions, & qui
blâment leurs défauts ; & il est
bien plus sûr & plus aisé de prendre sur soi-même, & de souffrir
ce qu'on ne peut empêcher,
comme on souffre le cri de quelque bête qui nous est désagréable, que d'entreprendre inutilement de les faire changer. La
tolerance devient en cela non-
seulement tres-utile, mais beaucoup plus commode, que les soins
inutiles dont se chargent certaines gens, de reformer le genre
humain, qui prêchent sans Mis-
sion, & qui sont toûjours disposez
à dire en face des veritez fâcheu-
ses à ceux avec qui ils ont à vivre ;

L iij

ils prétextent d'ordinaire cette humeur dogmatique d'un mouvement de charité pour le prochain : Mais si l'on foüilloit dans le fond de leur cœur, on trouveroit qu'elle vient d'un fond d'orgüeil qui leur inspire l'esprit de domination ; & s'ils étoient animez dune véritable charité, ils seroient plus disposez qu'ils ne sont d'ordinaire à excuser les foiblesses d'autrui, ils purgeroient leur remontrances & leurs conseils de toute l'aigreur qui les accompagne, & ils donneroient des éxemples de patience par cette tolerance qui est si nécessaire pour maintenir la paix & le repos dans la societé.

Ces reformateurs doivent encore considerer, que le trop grand soin qu'ils ont de reprendre les défauts d'autrui, les empêche souvent de s'appliquer à corriger les leurs, qu'ils sont d'ordinaire durs, opiniâtres, interreffez, & fouvent vindicatifs ; & l'on a remarqué qu'il n'y a point d'hommes qui fouffrent plus impatiemment qu'on découvre leurs foibleffes & qu'on les en inftruife, que ceux qui croïent qu'un genre de vie auftere les met en droit de réformer les autres.

Les hommes haïffent encore les efprits médifans & môcqueurs, ils les réjoüiffent quelquefois, parce qu'ils flattent l'envie & la malignité qui regnent affés univerfellement, mais ils laiffent contre eux une efpece de venin enceuxqu'ils ont divertis caufé par la réfléxion qu'ils font que ces mêmes médifans ne les traiteront pas mieux lorfqu'ils trouveront occafion de rejoüir d'autres gens à leurs dépens.

La crainte, dit la Dame, fait quelques fois en leur faveur le même effet de l'amitié, & tel

L iiij

les loüe parce qu'il appréhende
d'en être blâmé.

S'ils ont cette opinion, reprit
le Commandeur, ils se trompent
souvent, & il leur est bien difficile d'étendre fort avant cette
servitude : il arrive bien plus ordinairement que le Public se réü-
nit contre ces esprits malins &
médifans, & leur fait sentir des
effets de sa haine, en leur attri-
buant même quelques fois des
vices & des défauts qu'ils n'ont
pas.

Ceux qui ont cru qu'il n'y
avoit point d'autre moïen que
celui de se faire craindre pour
s'établir une puissance solide en
ce monde, sont aussi fort sujets
à s'y tromper : ils fondent cette
opinion sur ce que la malice des
hommes est venuë à un tel
point, qu'ils ne peuvent être retenus dans le devoir que par la
crainte des peines ; parce que

l'excès de leur amour propre fait que toutes leurs actions n'ont point d'autres regles que leurs interêts particuliers ; mais quoique cette maxime soit vraïe en general, elle ne l'est pas dans l'application qu'ils en font, parce que les hommes qui pensent juste fondent leurs véritables interêts & leur plus solide bonheur à s'acquerir le concours des volontés & des affections du plus grand nombre.

CHAPITRE XVII.

Que l'estime & l'amitié des hommes ne méritent pas d'être recherchées avec trop de soin.

M Ais comme nous sommes assûrés de n'être dans le monde que pour un temps fort court, nous devons l'emploïer à rechercher un bonheur plus sûr

L v

& plus durable que n'eſt l'eſtime
& l'amitié des hommes, & les
foibles avantages que nous en
pouvons reçevoir: car ils ne méritent pas tous les ſoins, toutes
les peines &toutes les inquietudes
que nous nous donnons pour les
obtenir, & nous ne devons même
les ſouhaiter qu'autant qu'ils peuvent compâtir avec les moïens
d'acquerir le bonheur ſans bornes
& ſans fin, qui doit être le véritable but de toutes nos actions,
de tous nos deſirs, & de toutes
nos eſpérances.

Le Pere Bourdalouë, dit la
Marquiſe, n'auroit pas mieux
conclû, mais M. le Commandeur
n'eſt pas encore délivré de mes
queſtions; je lui demande en
grace de nous faire en racourci
le portrait d'un homme de mérite tel qu'il ſe l'imagine, & ſur
le modele de toutes les judicieu-
ſes obſervations qu'il vient de

faire, afin que l'idée m'en demeure plus facilement dans l'esprit, & que je sois plus en état d'en profiter, en me représentant sans cesse ce modele pour tâcher à l'imiter en quelque chose, si je ne puis parvenir à l'imiter en tout.

Si vous me demandiez Madame, répondit le Commandeur, le portrait d'une femme plaine d'esprit, de raison & d'agrément, il me seroit bien plus aisé de vous obéïr, car je n'aurois qu'à travailler d'après nature ; cependant comme je prétens me faire auprès de vous un mérite de mon obéïssance, je vais tâcher de satisfaire à ce que vous souhaitez de moi.

CHAPITRE XVIII.

PORTRAIT D'UN HOMME
de mérite.

UN homme de mérite, continua le Commandeur, est le chef-dœuvre de la Nature & de l'Art, & il faut que l'une & l'autre concourent à le former ; qu'il ait l'ame belle, & l'esprit bienfait ; que la beauté de son ame consiste dans un amour constant de la verité & de la justice, & dans un desir continuel de faire tout le bien qui est en son pouvoir, qu'il ait l'esprit naturellement éclairé, étendu & pénetrant, & qu'il se soit accoûtumé à réfléchir sur lui - même, & sur toutes les choses qui se présentent avant que d'en former ses jugemens.

Qu'il ait cultivé & éclairé son

esprit par la connoissance des belles Lettres, & des autres Sciences qui peuvent contribuer à augmenter ses lumieres naturelles; qu'il ait acquis sur tout celles qui le mettent en état d'être utile à soi-même & aux autres, qu'il les préfere aux Sciences qui n'ont pour but que de vaines & inutiles curiositez, qu'il ne regarde ces dernieres que comme des amusemens passagers, & qu'il ne perde pas son tems à y exceller.

Qu'il joigne aux Sciences necessaires & utiles à sa condition, ou à la profession qu'il a choisie, une connoissance éxacte des bienséances qui se pratiquent parmi les plus honnêtes gens du païs, qu'il habite, qu'il soit régulier à les observer, & qu'il se rende assés agréable dans la societé de ceux avec qui il est en commerce, pour y être toûjours souhaité & reçû avec plaisir.

Qu'il soit d'une humeur égale
sans bizarrerie & sans inquiétude,
qu'il ait établi la paix avec lui-
même pour la conserver avec les
autres, qu'il soit désabusé des erreurs vulgaires, tant de celles
qui séduisent l'esprit, que de celles qui corrompent le cœur,
qu'il ne soit point entêté, ni de
la prétenduë grandeur de sa naissance, ni de son pouvoir & de
ses richesses, ni de sa science & de
son habileté, ni des agrémens
extérieurs de sa personne, ni de
sa valeur, de son adresse & de
ses autres belles qualitez naturelles & acquises, qu'il sçache les
posseder sans s'en estimer ni plus
grand, ni plus parfait, qu'il ait
fait de sérieuses réfléxions sur
leur fragilité & leur peu de durée ; que non seulement il aime
la verité, mais qu'il la cherche,
qu'il la suive, qu'il fuïe le men-

fonge , la fauffeté , la flaterie , la
prévention, les vains honneurs &
les vaines loüanges, qu'il foit
fans ceffe occupé de fes devoirs,
tant envers Dieu, qu'envers les
hommes ; & rempli d'un défir
continuel d'y fatisfaire.

Qu'il foit ferme & patient
dans les adverfitez, humble &
modefte dans la profperité, pieux
& charitable en toutes fortes
d'états, qu'il juge favorablement
des actions & des intentions de
fon prochain, qu'il excufe volontiers fes défauts, qu'il foit indulgent à les fouffrir & facile
à pardonner les injures qu'il en
a reçûës, qu'il compâtiffe à fes
malheurs & à fes foibleffes ; qu'il
prenne plaifir à l'en relever, à
le fecourir dans fes befoins, à
le défabufer de fes erreurs à contribuer à fon bonheur, & à faire
en fa faveur tout ce qu'il vou-
droit que l'on fit pour lui-même.

Qu'il soit respectueux avec ses superieurs, complaisant & d'un commerce aisé & commode avec ses égaux, caressant avec ses inferieurs, doux, humain, d'un facile accès, civil & honnête avec tout le monde, qu'il soit bon Citoïen, bon parent, bon ami, bon maître, bon sujet, & pour dire encore plus que tout cela, bon Chrétien.

CHAPITRE XIX.

Que L'amour de Dieu est l'unique source de toutes les vertus. Des effets qu'il produit, & que le degré de cet amour est la mesure du mérite de tous les hommes.

SAns cette derniere qualité, continua le Commandeur, tout ce que nous appellons des Vertus, ne sont que foiblesses, vaine gloire, ostentation & inte-

rêt déguifé; il faut qu'elles foient
produites par l'amour que nous
devons à Dieu, qui doit être leur
unique fource, & qu'elles y re-
tournent toutes comme vers leur
centre.

Lorfqu'une ame eft véritablement pénetrée de cet amour,
il la délivre de toutes fes foibleffes, il regle toutes fes paffions,
il éleve fes défirs & fes penfées,
& il lui fait pratiquer fans effort
& fans artifice les vertus les plus
difficiles & les plus heroïques.

C'eft ce qu'il eft aifé de connoître, fi l'on confidere la vie
des premiers Chrétiens animez
de cet amour; on y verra qu'ils
ont furpaffé en fermeté, en grandeur de courage & en toutes les
autres Vertus, les plus fameux
Heros de l'antiquité; que non-
feulement des hommes ordinaires, mais de fimples femmes fur-
montant la foibleffe & la timi-

dité attachée à leur sexe, ont
méprisé & ont souffert avec joïe
l'opprobre, la captivité, la mort,
& les plus affreux supplices; que
ces mêmes chrétiens non contens de pardonner à leurs ennemis, ont prié Dieu pour leurs per-
secuteurs au milieu des tourmens
les plus horribles.

On y verra avec quelle charité, quelle justice, quelle désinteressement & quelle union ils
ont vêcu entre eux, ne se reser-
vant rien en propre, portant tous
leurs biens aux pieds de leurs
Pasteurs, pour les distribuer également à tous les autres chétiens,
qu'ils regardoient comme leurs
freres, les secourant dans tous
leurs besoins & dans tous leurs
malheurs, qu'ils partageoient
avec eux, humbles de cœur &
d'esprit, doux, modestes, pieux,
chastes, continens, & sobre, fideles à Dieu & aux hommes, soû-

mis à leurs Superieurs.

On ne les a point vûs se révolter contre les Empereurs qui leur ont fait souffrir les plus cruelles persécutions ni renoncer à leur obéïssance, sous prétexte qu'ils étoient idolâtres ou hérétiques ; ils les servoient fidelement dans leurs armées lorsqu'ils y étoient engagez, il prioient Dieu qu'il les conservât & qu'il les convertit, & ils surpassoient en valeur tous leurs autres soldats, lorsqu'il s'agissoit de satisfaire aux devoirs de leur profession & de leurs emplois.

On trouve aussi, dit le Duc, parmi les anciens Grecs & Romains, qui n'étoient pas encore éclairez des lumieres de l'Evangile, de grands éxemples de vertus morales, l'hospitalité y étoit observée avec soin, & ils ont signalé, par un grand nombre d'actions heroïque, l'amour qu'ils ont eu pour leur Patrie.

Cela eſt vrai, répondit le Commandeur, mais cet amour de la Patrie & cette Hoſpitalité qu'ils regardoient comme le comble de la perfection, n'étoient qu'une foible & légere ébauche de cette charité chrétienne, qui en nous uniſſant à Dieu, unit tous les hommes par le même lien d'un amour reciproque ; elle ne borne pas ſes effets à loger & à défraïer quelques Etrangers durant leur paſſage, & à n'être utile qu'aux hommes qui vivent ſous les mêmes loix & dans la même Patrie ; la véritable charité chrétienne s'étend ſur tous les hommes ſans diſtinction de Païs, de Langages, de Loix, de mœurs & de Religion ; elle nous fait regarder les Chrétiens comme nos premiers freres, mais elle n'exclud point de cette fraternité les autres hommes qui vivent dans l'erreur.

& dans l'ignorance ; elle travail-
le non-seulement à les secourir
dans leurs besoins, mais encore
à les instruire, à les éclairer, à
les détourner de l'égarement &
du mensonge pour les conduire
dans la voïe de la vérité ; & elle
n'y emploïe que la douceur, la
persuasion, les offices, les bienfaits, les prieres & les bons éxemples.

Enfin l'amour de Dieu produit
toutes les vertus dans les ames
qui en sont véritablement épri-
ses ; il les fait exercer avec zele,
avec joïe, avec constance ; il
échaufe, il purifie nôtre volonté,
il éclaire nôtre entendement des
plus vives lumieres de la Foi,
en lui découvrant les veritez les
plus cachées, les plus saintes &
les plus importantes ; & c'est le
dégré de cet amour divin & de
cette charité ardente, qui est
la mesure de la perfection & du

mérite de tous les hommes.

Il ne feroit pas jufte, dit la Marquife, en felevant, d'abufer plus long-tems de la complaifance de M. le Commandeur ; j'ai grand interêt à le ménager, afin qu'il ne fe rebute pas de me faire part de fes lumieres, dont je fens toute l'utilité, & je ne fçaurois affés le remercier des véritez importantes qu'il vient de m'apprendre.

Comme ils étoient prêts à fe feparer, le Commandeur répondit à la Marquife & au refte de la Compagnie : puifque vous êtes contens des fujets que nous venons d'éxaminer, je vous entretiendrai, fi vous le jugés à propos, à nôtre premiere entrevûë *du bon goût de nôtre tems fur les Ouvrages d'efprit*, & je vous citerai dès à prefent les Eloges de quelques uns de nos meilleurs Poëtes François & de quelques Dames

Illuſtres du même tems, & de la même Nation, dont les Ouvra-ges nous ſerviront à en bien juger.

Toute la Compagnie en pria inſtamment le Commandeur ; & comme il avoit ſur lui ces Eloges, il leur lût les Vers que voici.

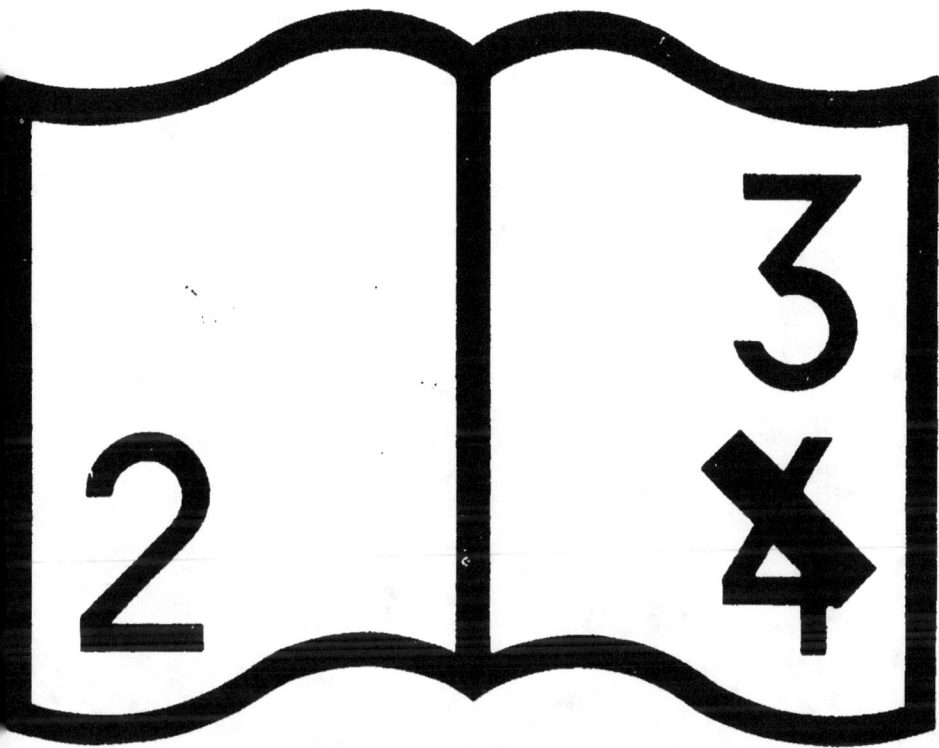

Pagination incorrecte — date incorrecte

NF

Eloges

ELOGES

DE QUELQUES POETES

FRANÇOIS DES DERNIERS TEMS,

Et de quelques Dames Illuſtres des mêmes tems & de la mê-me Nation, diviſés en trois Plcïades.

PREMIERE PLEÏADE.

HEROS * du Theâtre François,
Tu peignis les Heros de Rome

Plus grands qu'ils n'étoient autrefois,

Et les mis au-deſſus de l'homme.

Tu fûs quelquefois inégal ;

Mais dans ta maniere de peindre,

CORNEILLE, nul ne peut atteindre

A ton génie original.

* M. Corneille l'aîné.

M

RACINE par des traits nouveaux
Du Public partagea l'estime;
Dans ses industrieux Tableaux
Il est plus correcte, moins sublime.
Il fut heureux imitateur
Des grands Poëtes de la Grece;
Et par des traits pleins de tendresse
Il enchanta son auditeur.

·✳·

MOLLIERE faisoit le portrait
De chaque Sot qu'il rencontroit,
Et joüoit la Cour & la Ville;
Acteur naïf, Peintre parfait;
Auteur agréable & fertile,
Il ne lâchoit pas un seul trait,
Qui du plaisant & de l'utile,
Ne produisit l'heureux effet.

·✳·

L'esprit fécond de la FONTAINE
Fit couler de sa riche veine
Un nombre infini de beaux Vers;
On voit des traits inimitables

Dans ſes Contes & dans ſes Fables,

Dans tous ſes ouvrages divers,

Qui rendront leurs beautés durables

Auſſi long-tems que l'Univers.

Pour faire une exacte peinture

De l'eſprit du fameux VOITURE,

Il faudroit emprunter le ſien ;

Il eut des graces ſans égales

Dans ſes Vers, dans ſon entretien,

Dans ſes Lettres originales ;

Par tout il badina ſi bien,

Qu'il fit des chef-d'œuvres de rien.

Par des attraits juſqu'alors inconnus

SARRASIN ſeul de la belle Venus

Sembloit avoir emprunté la Ceinture,

Il fut ſuivi des graces & des ris,

Lorſqu'il chanta l'amour & *a* la ſouris ;

Mais quand il fit *b* la pompe de Voiture,

a *Poëme de Sarraſin, qui a pour titre* la Souris.

b *Ouvrage de Sarraſin, où il y a des Vers en quatre Langues.*

M ij

Pur Castillan , Latin, Toscan, François,
Nouvel Orphée à toute la Nature,
Il fit sentir les charmes de sa voix.

❀❀❀

Esprit aisé, naturel, libertin,
Et possedé d'une douce manie,
CHAPELLE fit admirer son génie
Sans imiter Autheur Grec ni Latin ,
Comme l'on voit d'une source féconde
Couler sans Art les eaux d'un clair ruisseau,
Tels les beaux Vers sortoient de son cerveau;
Et s'en allant errer parmi le monde,
Y répandoient un plaisir tout nouveau.

ELOGES
DE SEPT AUTRES POETES
FRANÇOIS.

DEUXIE'ME PLEÏADE.

TOY par qui du haut du Parnasse
Le Dieu qui regne sur les Vers,
Dicta ses Loix à l'Univers,
DESPREAUX * dont la noble audace
A vengé le Public de tant de froids esprits
Qui l'avoient fatigué par leurs fades écrits ;
Censeur équitable & sincere
Tes sages Vers, leurs doctes sons
Enseignent le chemin d'exceller & de plaire
A ceux qui suivent tes leçons,

Quand Apollon entendit lire

* Dans son art Poëtique.

M iij

Les Vers du fçavant PAVILLON,

Il les mit en chant fur fa Lire

Et charma le facré Vallon.

Alors les Mufes attentives

Y mêlant leurs divins accords,

Exprimerent leurs doux tranfports

Par les loüanges les plus vives

Je place, leur dit Apollon,

Ce Moderne au haut du Parnace

Entre l'ingenieux Horace

Et le galant Anacreon.

***

Avec une laide figure

Le fameux PELISSON eut un efprit charmant;

Qui des rigueurs de la nature

Le dédommageoit amplement.

Sçavant, eloquent, vif & tendre

En Profe, en Vers il fit entendre

Ce que l'amour a de plus fin;

Et quittant cet amour profane

Nourri de la celefte manne,

Il finit par l'amour Divin

Les jeux & les amours blondins

Voloient autour de BENSERADE,

Et ces Dieux enjoüés, badins

Le prirent pour leur camarade,

Poëte fécond & fans art,

Il laiſſoit aller au hazard

Son génie heureux & facile.

Les vifs & naturels portraits

Dont il enrichit nos balets,

Charmerent la Cour & la Ville,

Et par des traits hardis autant qu'ingenieux

Il ſçût plaire à nos demi Dieux.

Toi qui par de tendres chanſons

D'une agréable ſimphonie,

Et d'une touchante harmonie,

Sçûs ſi bien animer les ſons;

QUINAULT le plus parfait modele

De cette alliance ſi belle

Ton nom jamais ne perira;

Car c'eſt l'union poëtique

De ta Muſe avec la Muſique,
Qui nous fit aimer l'Opera.

✦✧✦

Quand on lit les Vers de SEGRAIS,
D'abord ils font naître l'envie
De mener une douce vie
Dans les champs & dans les forêts,
Par une naïve peinture
Des dons de la ſimple nature,
D'un tendre amour de ſes attraits
Il nous fait aimer tous les traits
Tel *Theocrite* en ſes Idilles
Nous a peint d'innocens plaiſirs,
Qui plus durables, plus tranquilles
Que ceux de nos Cours, de nos Villes,
Peuvent plus ſçûrement contenter nos deſirs

✦✧✦

Sorti du ſein de l'Italile,
Eſprit vif & fécond, fameux Duc de Nevers,
Par tes nobles & puiſſans Vers
Nôtre Langue fut embellié
Heureux dans tes inventions,

Hardi dans tes expreſſions
Toûjours fortes, toûjours ſenſées ;
Malgré leur ſingularité,
Apollon mit à tes penſées
Le ſeau de l'immortalité.

ELOGES
DE SEPT DAMES
ILLUSTRES FRANÇOISES.

TROISIE'ME PLEÏADE

SAPHO + l'ornement de nos jours,
   Toi qui fis de si beaux modeles
Des plus hautes vertus, des plus chastes amours,
Pour les Heros & pour les belles,
Qui sans les imiter les admirent toûjours.
Et qui n'en sont pas plus fideles ;
Tous ces chef-dœuvres précieux
Assurent à ton nom une immortelle gloire ;
Et t'ont placée au rang des filles de Memoire,
Pour chanter les exploits & les amours des Dieux.

+ *Mademoiselle de Scuderi.*

Esprit délicat, doux & tendre,

Qui par ta Profe & par tes Vers,

LA FAYETTE nous fit entendre

De l'amour les triftes revers;

Tes Heroïnes * toûjours pures,

Dont tu décris les avantures

Avec les plus vives couleurs,

Et de leurs paffions tes peintures exquifes

A leurs vertus toûjours foûmifes,

Nous font fentir tous leurs malheurs.

Dixiéme Mufe de nos jours,

Toi par qui les eaux d'Hipocrene

Firent couler de veine en veine

Les feux les plus fubtils des plus tendres amours;

LA SUSE leur nouvelle mere

Jamais dans l'Ifle de Cithere,

Venus avec leurs traits divers

N'en fit mieux fentir tous les charmes,

Les craintes, les défirs, les tranfports, les allarmes

Que ce qu'on en lit dans tes Vers.

* la Princeffe de Montpenfier & la Princeffe
de Cleves.

M vj

Esprit pénétrant & sublime,

Qui sans le secours de la rime,

Sçûs te faire un nom Reveré.

Sage & sçavante LA SABLIERE;

Par toi rien ne fut ignoré;

Ton attention singuliere

Porta tes regards curieux

A bien connoître la nature,

L'état de l'Univers, son ordre, sa structure,

Et jusqu'à mesurer & la Terre & les Cieux.

Aimable & tendre DESHOULLIERES,

Apollon de ses doux accords

Et de ses plus vives lumieres

Te dispensa tous les tresors.

Par ce Dieu ta Muse inspirée,

Et par ta raison épurée,

Te dicta les Vers les plus beaux,

Et tantôt sur des tons sublimes,

Tantôt sur de galantes rimes   [nouveaux.

Tu nous fis chaque jour des chefs-d'œuvres

VILLEDIEU de l'amour & victime & prêtresse,

Sans le secours du Dieu des Vers

Celebra par tout l'Univers

Les vifs accès de la tendresse. a

Elle lui tint lieu d'Appollon,

De Muses de Sacré Vallon;

Et cette nouvelle *Corinne*

A fait écouter ses doux chants,

Et s'est placée enfin sur la double coline

Par ses écrits vifs & touchans

✦❈✦

Digne Fille d'un docte b Pere,

Dont le sçavoir rare & profond

T'enrichit de son propre fond,

Qui t'éleve si fort au-dessus du vulgaire;

Illustre DACIER tes écrits,

Si recherchés & si chéris,

Ont le don d'instruire & de plaire;

Ils consacrent ton nom à l'immortalité,

Et nous font profiter de tes pénibles veilles;

En nous découvrant les merveilles

De la sçavante antiquité.

a. *Par ses journaux amoureux.*
b. *M. le Fevre de Saumur.*

Ainsi l'aimable Poësie,

Et des autres beaux Arts l'Ecole bien choisie,

Brilloient dans l'Empire François

Sous l'appuide LOUIS le plus grand de ses Rois.

Après que M. le Commandeur eut lû ces Eloges, il lût L'ODE que voici qu'il adressa à Madame la Marquise de***.

Iris quand je vous vois si brillante & si belle

Je me plains des destins qui vous firent mortelle

Et je murmure quelquefois

Contre la nature peu sage

Qui soûmit un si bel ouvrage

A l'injustice de leurs loix.

Cette Mere si vieille en chefs-d'œuvres féconde

Dont les productions font subsister le Monde

De ses travaux perd tout le fruit

Le temps en est toûjours le maître

Et lorsqu'elle nous a fait naître

Le cruel Tiran nous détruit.

·❊·

L'ame cet efprit pur, cette fille divine

Qui de l'être éternel tire fon origine

De nos corps fuit les mouvemens

Mais dés qu'elle en eft délivrée

Elle ceffe d'être enïvrée

De tous nos vains amufemens.

·❊·

Un homme eft ridicule entêté de fa gloire

Qui court après la mort pour vivre dans l'Hiftoire

Tous ces Heros d'illuftre fang

Et les Cefars & les Pompées

Nos pagodes & nos poupées

Aujourd'hui tiennent même rang.

·❊·

Nous fommes ici bas dans un lieu de paffage

Du feul bonheur fans fin faifons nôtre héritage

Les autres biens font fuperflus

Et le temps qui fit de là cendre

Des reftes du grand Alexandre

A fait que fa cendre n'eft plus.

·❊·

La beauté que du Ciel vous eûtes en partage

Est un bien passager, un fragile avantage
Semblable à la fleur du printemps ;

    Mais le don d'une ame bien née

    Vous assûre une destinée

    Exempte des rigueurs du temps.

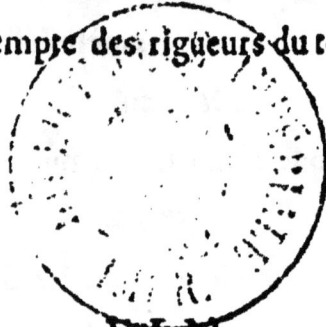

FIN.

APPROBATION.

J'Ai lû par l'ordre de Monseigneur le Chancelier, le Livre
intitulé, *De la Science du Monde,*
& des Connoissances utiles à la
conduite de la vie: Et j'ai trouvé
que cet Ouvrage tient beaucoup
plus que son Titre ne promet;
& qu'il est très-propre à former
un parfaitement honnête homme; non-seulement selon le Monde, mais même selon Dieu. Fait
à Paris, le cinq de Juin 1716.

MASSIEU.

mer ledit Livre en un ou plufieurs vo-
lumes, conjointement ou feparément,
en telle forme, marge, caractere, &
autant de fois que bon lui femblera, &
de le vendre & debiter par tout nôtre
Roïaume pendant le temps de *vingt*
années confecutives â compter du jour
de la datte des Préfentes : Faifons dé-
fenfes à tous Imprimeurs, Libraires,
& autres, d'imprimer, faire imprimer,
vendre, ni debiter ledit Livre fous
quelque prétexte que ce foit, même
d'impreffion étrangere ni autrement
fans le confentement dudit fieur de
Callieres ou fes ayans caufe, à peiné
de confifcation des Exemplaires con-
trefaits, & de quinze cens livres d'a-
mende, aplicable un tiers à Nous, un
tiers à l'Hôtel-Dieu de Paris, & l'autre tiers à l'Expofant, & de tous dépens, dommages & interêts ; *à la charge*
que ces Prefentes feront enregiftrées tout au
long és Regiftres des Imprimeurs Libraires
de nôtre Ville de Paris, Et ce dans trois
mois de la datte d'icelles ; que l'impreffion
en fera faite dans nôtre Roïaume, &
non ailleurs, en bon papier & bons
caracteres, conformément aux Reglemens de la Librairie ; & qu'avant do

l'expoſer en vente, il en ſera mis deux Exemplaires dans nôtre Bibliotheque publique, un dans celle de nôtre Château du Louvre, & un dans celle de nôtre très-cher & féal Chevalier Chancelier de France le Sieur Voiſin, Commandeur de nos Ordres ; à peine de nullité des Preſentes ; du contenu deſquelles nous vous mandons & enjoignons de faire joüir ledit Sieur de Callieres & ſes aïans cauſe, pleinement & paiſiblement, & ſans ſouffrir qu'il lui ſoit fait aucun trouble ni empêchement. Voulant que la copie des Preſentes, qui ſera imprimée au commencement ou à la fin dudit Livre, ſoit tenuë pour dûëment ſignifiée, & qu'aux Copies collationées par un de nos amés & féaux Conſeillers Secretaires, foi ſoit ajoûtée comme à l'Original. Commandons au premier nôtre Huiſſier ou Sergent de faire pour l'execution des Preſentes tous Actes requis & neceſſaires, ſans demander autre permiſſion, nonobſtant Clameur de Haro, Charte Normande & Lettres à ce contraires : CAR tel eſt nôtre plaiſir, DONNE' à Paris le vingt-huitiéme jour du mois d'Octobre, l'an de grace mil sept cent seize, & de nôtre Regne le deuxiéme. Par le Roi en son Conseil.

LAMOLERE.

Il est ordonné par l'Edit du mois d'Aoust 1686. & Arrest de son Conseil, que les Livres dont l'Impression se permet par privilege de Sa Majesté, ne pourront être vendus que par un Libraire ou Imprimeur.

Registré sur le Registre IV. de la Communauté des Libraires & Imprimeurs de Paris, page 76. n°. 91. conformement aux Reglemens & notamment à l'Arrêt du Conseil du 13. Août 1703. A Paris, le 5. Octobre 1716.

Signé DELAULNE, Syndic.

J'ai cedé le Privilege ci-dessous au Sieur ETIENNE GANEAU Libraire, pour en joüir suivant le Traité fait entre Nous le 31. Octobre 1716. A Paris, ce deuxiéme Novembre 1716.

DE CALLIERES

Registré la Cession ci-dessus sur le Registre IV. de la Communauté des Libraires & Imprimeurs de Paris page 76. conformement aux Reglement à l'Arrêt du Conseil du 13. Août 1703. A Paris le 5. Novembre 1716.

DELAULNE, Syndic.